Original illisible

NF Z 43-120-10

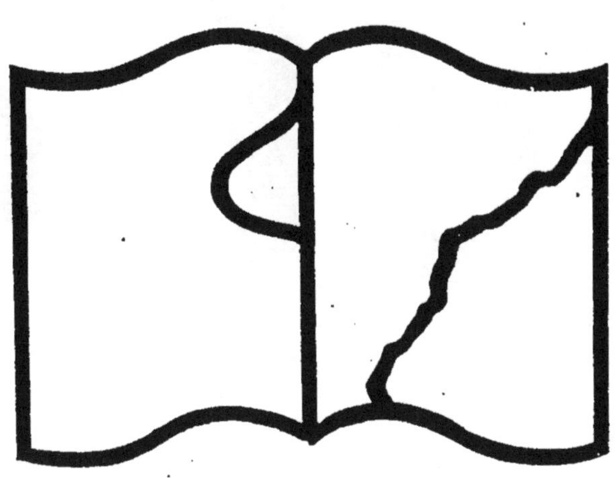

Texte détérioré — reliure défectueuse

NF Z 43-120-11

1884

LA TUNISIE
SON PASSÉ ET SON AVENIR
PAR
P. H. ANTICHAN
Illustrations
PAR
KIRSCHNER, SPEECHT, VARRONNE, ETC.
LIBRAIRIE CH. DELAGRAVE
RUE SOUFFLOT

LA TUNISIE

SON PASSÉ ET SON AVENIR

SOCIÉTÉ ANONYME D'IMPRIMERIE DE VILLEFRANCHE-DE-ROUERGUE
Jules Bardoux Directeur.

LA

TUNISIE

SON PASSÉ ET SON AVENIR

PAR

P.-H. ANTICHAN

PARIS

LIBRAIRIE CH. DELAGRAVE

15, RUE SOUFFLOT, 15

1884

LA TUNISIE

SON PASSÉ ET SON AVENIR

ÉPOQUE LÉGENDAIRE OU CANANÉENNE

Les limites de la Tunisie ont fréquemment varié depuis l'antiquité jusqu'à nos jours, tant à cause du grand nombre de tribus qui y habitent côte à côte que des invasions successives dont elle a été le théâtre. Présentement elle est bornée par la Méditerranée au nord et à l'est, la Tripolitaine et le Sahara au sud, et l'Algérie à l'ouest.

D'après la Bible, ce coin de la terre africaine aurait été primitivement peuplé par des colonies asiatiques. A la suite des invasions des pasteurs en Égypte [1], plusieurs de leurs tribus, au lieu de s'arrêter dans le Delta, auraient continué leur marche vers l'Occident. Elles auraient longé le territoire de la Libye jusqu'au delà des Syrtes, franchi les embouchures du lac Triton et poussé jusque dans les cantons fertiles de la Byzacène dont elles auraient pris possession. C'est là que seraient venus les rejoindre plus

1. Deux mille ans av. J.-C.

tard, environ cinq ou six siècles après, les Cananéens restés dans la patrie primitive, menacés à chaque instant, depuis le passage du Jourdain par Josué, d'être précipités dans la mer. Cette tradition, qui fait descendre les Tunisiens, du moins les *Berbers,* de peuplades cananéennes, était connue de saint Augustin, car il en parle dans *la Cité de Dieu.*

Elle était encore populaire au sixième siècle de notre ère, du temps de l'historien Procope, qui rapporte que les Girgaséens, l'une des grandes races cananéennes, s'étaient sauvés en Afrique à l'approche des Hébreux, et s'étaient répandus jusqu'aux Colonnes d'Hercule. « Ils y habitent encore[1], dit-il ; à Tigisis, en Numidie, près de la grande fontaine, on remarque deux stèles de pierre blanche, avec l'inscription suivante en langue punique : « Nous sommes ceux qui ont fui devant Josué, fils de Nauê. »

Ibn-Khaldoun, le célèbre historien maure du quatorzième siècle, attribue également aux Berbers une provenance asiatique, et cet avis est appuyé de nos jours par l'autorité de M. Renan, l'éminent orientaliste.

Ce qui donne à cette opinion beaucoup de valeur et de vraisemblance, c'est ce fait que le nom de Berber était porté dès l'an 1400 avant J.-C. dans le pays de Canaan. En effet, une inscription du roi Rhamsès II, le Sésostris classique, mentionne les *Berberata* parmi les peuples de l'Asie qu'il a vaincus[2]. Et ce nom de Berber est encore porté aujourd'hui par une peuplade nubienne, les *Barabras,* qui ne sauraient être évidemment que les descendants des Berberata cananéens. Il suit de là que le mot

1. Procope, *de Bello Vandalico,* liv. II, ch. xx.
2. *Revue de géographie,* juin 1882, art. de M. de Fontpertuis.

Berber, loin d'être, comme certains le prétendent, un sobriquet dédaigneux ou une épithète blessante appliquée par les Arabes (*berber*), les Grecs (*barbaroi*) et les Romains (*barbari*) aux indigènes du nord de l'Afrique, serait, au contraire, un nom national, un nom *ethnique* dans le sens absolu du terme, connu des anciens, défiguré par la prononciation, ayant la même signification que le mot *étranger* chez nous et que le mot sanscrit *Warwara* (exilé), dont il est la traduction littérale[1]. Cette interprétation nous paraît la seule plausible. Au surplus, nous savons par Hérodote et saint Augustin que, de leur temps, c'était la signification généralement donnée au mot Berber, qu'on s'en servait pour désigner tous les peuples indifférem-ment qui ne parlaient ni le grec ni le latin.

S'il était besoin d'autres arguments pour prouver l'origine asiatique des Berbers, nous les tirerions des affinités ethnographiques et du langage.

En effet, loin d'offrir la couleur et l'aspect général du nègre, loin de reproduire les traits caractéristiques de sa physionomie, « le visage bouffi, l'œil à fleur de tête, le nez écrasé, la lèvre charnue, » le Berber s'en distingue, au contraire, essentiellement et se rapproche beaucoup, par exemple, du *Kennou*, l'habitant actuel de la Nubie, dont l'Asie, nous le savons, fut le premier berceau. « Il est en général grand, maigre, élancé. Il a les épaules larges et pleines, les pectoraux saillants, le bras nerveux et terminé par une main fine et longue, la hanche peu développée, la jambe sèche ; les détails anatomiques du

1. D'après le baron de Slane, les Arabes auraient emprunté la dénomination de Berber à la population latine. Les Romains auraient reçu ce mot des Grecs, qui l'avaient probablement tiré du sanscrit. — V. sa traduction de l'*Histoire des Berbers*, par Ibn-Khaldoun, t. IV, APPENDICE, *Notes sur la langue, la littérature et les origines du peuple berbère.*

genou et les muscles du mollet sont assez fortement accusés, comme c'est le cas pour la plupart des peuples marcheurs, les pieds longs, minces, aplatis à l'extrémité par l'habitude d'aller sans chaussure. Le front est carré, peut-être un peu bas, le nez court et rond ; les yeux sont grands et bien ouverts, les joues arrondies, les lèvres épaisses, mais non renversées, la bouche un peu longue [1]. »

La race berbère se rattache aux races blanches de l'Asie antérieure par ses caractères ethnographiques ; la langue berbère, aux langues dites *chamitiques*, non seulement par un grand nombre de ses racines, mais encore par la plupart de ses procédés grammaticaux. C'est du moins l'opinion de M. Renan, résumée dans les termes suivants: « Le Berber semble appartenir à la grande famille des langues chamitiques. »

Quoi qu'il en soit, le rapport de souche est assez éloigné pour laisser au peuple qui nous occupe une physionomie particulière.

Les Berbers appartiendraient donc aux races chamitiques. Partis des rives du golfe Persique, où ils s'étaient concentrés dès la plus haute antiquité, ils auraient d'abord pénétré en Syrie et de là en Afrique, les uns par mer, les autres par l'isthme de Suez. A leur arrivée, les peuples d'une autre race, probablement noire, qui couvraient cette vaste étendue de territoire compris entre la mer Rouge et les Colonnes d'Hercule, durent disparaître presque entièrement de la scène du monde. Surpris et débordés, ils furent en partie détruits, en partie absorbés par les conquérants ou refoulés dans l'intérieur [2]. En tout cas, ce qui paraît à peu près certain, c'est que le nord de

1. Maspero, *Histoire ancienne des peuples de l'Orient*, liv. Ier, ch. Ier.
2. Louis Ménard, *id.*, liv. IV, ch. Ier.

l'Afrique fut renouvelé par la grande invasion et les nombreuses immigrations cananéennes.

Ainsi donc, « Canaan, fils de Cham, fils de Noé [1], » aurait été le premier ascendant, le père mythique de tous les peuples qui, sous la dénomination commune de Berbers ou Libyens et sous les appellations diverses de Mauritaniens, de Numides, de Gétules et de Garamantes [2], occupaient tout le nord de l'Afrique, à l'arrivée des Phéniciens.

Les Phéniciens eux-mêmes n'étaient que des Cananéens [3].

« L'antiquité classique, dit Maspero, donnait aux Cananéens de la côte, logés ou plutôt étouffés entre le Carmel et l'embouchure de l'Oronte, le Liban et la mer, le nom de Phéniciens. Selon certaines traditions grecques, ils avaient été appelés ainsi de Phénix, fils d'Agénor et fondateur de la race. Selon divers auteurs, *Phœnikes* signifiait simplement le peuple rouge, soit en souvenir de la mer Rouge (Érythrée), aux bords de laquelle ils avaient habité si longtemps, soit à cause des fabriques de pourpre qu'ils établirent dans toutes leurs colonies, soit enfin par allusion à la teinte de leur visage. L'opinion la plus reçue jusqu'à ces derniers temps voit dans *Phœnix* le nom du palmier, et dans *Phœnikia* le *pays des palmes*. En fait, *Phœnix* est une forme élargie de *Phoun* (*Pœni, Puni*) vieux nom national que les Cananéens portaient dans leur patrie primitive et qui les suivit dans toutes leurs migrations. Les Cananéens du golfe Persique firent passer le nom de Phénicie en Syrie, les Phéniciens de Syrie le menèrent en Afrique, et les Phéniciens d'Afrique (*Pœni*) le répandirent jusque dans leurs colonies les plus lointaines. »

1. Ibn-Khaldoun, t. Ier, p. 184, traduction du baron de Slane.
2. Strabon, liv. XVII, ch. III, §§ 2, 6, 15, 19.
3. Maspero, *Histoire ancienne des peuples de l'Orient*, liv. II, ch. V. — Louis Ménard, *id.*, liv. IV, ch. Ier.

ÉPOQUE PHÉNICIENNE

Les Phéniciens avaient suivi de près en Afrique les Cananéens, leurs ancêtres. Une nation nouvelle, celle des *Liby-Phéniciens,* naquit du mélange des nouveaux venus avec les descendants des premiers émigrés, qui formaient déjà le fond de la population autochtone. Grâce à leur concours, ils purent fonder sur la côte occidentale non seulement de nombreux comptoirs, de nombreux postes commerciaux (*emporia*), mais encore de véritables colonies, des villes même. Kambé [1] s'éleva entre le cap Hermæas et le promontoire d'Apollon, sur l'emplacement où fut plus tard Carthage; Leptis, Æa, Sabrata [2] furent construites sur les rivages de la Syrte qui prit de là le nom de golfe Emporique. Ces premiers établissements furent l'œuvre des Sidoniens, les premiers des Phéniciens qui s'étaient

1. Maspero, *Histoire ancienne des peuples de l'Orient,* liv. III, ch. VII, et liv. IV, ch. XI. — Louis Ménard, *id.,* ch. II.

2. Ce sont les trois villes qui ont fait donner à la *Tripolitaine* le nom qu'elle porte.

jetés à la mer. Sidon était alors la métropole commerciale d'une partie du monde entier ; elle avait des colonies sur toutes les côtes de la mer Égée, du Pont-Euxin et de la Méditerranée. Son commerce maritime avec les Libyens amena la création d'un véritable empire colonial qui, à sa chute, passa aux mains de Tyr, sa rivale.

En effet, quand Sidon, « le premier-né de Canaan, » perdit son rang de capitale et disparut de la scène pour plusieurs siècles, c'est Tyr qui lui succéda dans l'hégémonie de la nation. Tyr finit de coloniser tout le nord de l'Afrique ; elle fonda de nouveaux comptoirs à côté des comptoirs sidoniens, et c'est alors qu'on vit s'élever presque en même temps, tout le long de la côte méditerranéenne, Hippo-Zarytos, Utique, Cossyra, Tunes, Adrumète, Thapsus et une multitude d'autres villes.

« L'histoire et les progrès de cette colonisation, qui fit de la Méditerranée une mer phénicienne, ne nous sont qu'imparfaitement connus : les documents et les relations que renfermaient à ce sujet les archives de Tyr et de Sidon sont aujourd'hui détruits, comme les ouvrages que les écrivains d'époque gréco-romaine avaient composés à leur aide. Presque tout ce que nous savons nous est parvenu sous forme de mythe. On contait que Melkarth, l'Hercule tyrien, avait rassemblé une armée et une flotte nombreuse dans le dessein de conquérir l'Ibérie, où régnait Khrysaor, fils de Géryon. Il avait soumis, chemin faisant, l'Afrique, y avait introduit l'agriculture et fondé la ville fabuleuse d'Hécatompyles, franchi le détroit auquel il donna son nom, bâti Gadès et vaincu l'Espagne. Après avoir enlevé les bœufs mythiques de Géryon, il était revenu en Asie par la Gaule, l'Italie, le Sardaigne et la Sicile[1]. » Cette tra-

1. Maspero, *Histoire ancienne des peuples de l'Orient,* liv. II, ch. VI.

dition d'ensemble résume assez bien les principaux traits de la colonisation phénicienne.

Les colonies des Phéniciens sur la côte septentrionale de l'Afrique avaient surtout pour objet de relier la métropole à l'Espagne, qui, par ses riches mines, était alors à peu près pour la Phénicie ce qu'ont été depuis pour l'Espagne elle-même le Mexique et le Pérou. Ces colonies étaient de diverses sortes : les unes, établies par la volonté et sous l'autorité de la métropole, étaient de simples comptoirs, des lieux de relâche presque exclusivement consacrés à faciliter son commerce avec des pays éloignés; les autres étaient fondées par des fugitifs qu'éloignaient de leur patrie les dissensions civiles, et elles formaient ainsi, dès leur origine, des États nouveaux et indépendants : Carthage appartenait à cette dernière classe, source de la plupart des grandes colonies de l'antiquité.

ÉPOQUE CARTHAGINOISE

L'ancienne Carthage [1] était située au fond d'un golfe, sur une presqu'île de dix-huit lieues de tour (trois cent soixante stades), enfermée presque complètement entre la mer et un lac, rattachée au continent par un isthme large d'environ une lieue (vingt-cinq stades).

De tous les emplacements de cités maritimes choisis par les Phéniciens, il n'en fut peut-être pas de plus heureux. La plage était basse, formée de terrains d'alluvion, admirablement propre à servir de refuge aux navires de toutes sortes. Aussi est-ce là que Carthage avait créé ses deux ports, tout à la fois son orgueil et sa puissance. L'un, le port extérieur ou de commerce, se trouvait à l'endroit où la Tænia [2] se détache du continent ; il avait

1. Pour la description de la Carthage punique, V. surtout Polybe, liv. Ier, chap. XVI ; Strabon, liv. XVII, ch. III, § 14 ; Tite-Live, liv. XVI, ch. 1er ; Appien, *Guerre libyque,* ch. X ; Beulé, *Fouilles de Carthage ;* Gustave Flaubert, *Salammbô ;* Drapeyron, *Constitution de Carthage* (*Revue de géographie,* avril 1882).

2. V. plus bas.

son entrée dans le lac de Tunis. Cette entrée, large seulement de vingt-deux mètres, se fermait avec des chaînes de fer. De ce port on pénétrait dans le port intérieur ou de guerre, au milieu duquel s'étendait la petite île Côthôn, de forme circulaire, et entourée d'un canal bordé sur ses deux rives d'une double rangée de cales à loger les vaisseaux.

C'est dans l'île Côthôn que s'élevait le palais de l'amiral qui de là pouvait découvrir ce qui se passait dans la mer, sans que de la mer on pût voir ce qui se passait dans le port.

Après le port marchand, qui était rectangulaire, et le port militaire, en forme de vase au col étranglé, se présentait une plaine d'environ sept cents mètres où le forum et les édifices destinés aux réunions politiques avaient la première place. Ensuite trois rues bordées de hautes maisons à six étages, les unes en pierre, en planches, en galets, les autres en roseaux, en coquillages, en terre battue se dirigeaient vers Byrsa ou la citadelle. Byrsa se dressait à pic, au milieu de la ville, sur une colline haute de soixante-cinq mètres, dont les pentes étaient couvertes d'habitations. C'était de ce côté que Byrsa était escarpée et vraiment imprenable. Au levant, il y avait le grand bastion qui soutenait le temple d'Esculape ; il était d'une hauteur telle, qu'il fallait un escalier de soixante marches pour monter au temple. Du côté opposé, le plateau s'abaissait d'une façon très sensible, mais un fossé, ensuite un rempart de gazon et enfin une triple enceinte de murailles gigantesques, en pierres de taille, et à double étage, en rendaient l'accès difficile.

Ces murs, flanqués de tours, avaient trente coudées (environ quinze mètres) de hauteur et vingt-deux coudées (environ onze mètres) d'épaisseur ; ils étaient creux à l'intérieur ; on y avait pratiqué des casemates dans lesquelles une partie de l'armée pouvait être logée. Dans les caveaux ou au sous-sol se trouvaient des écuries pour trois cents éléphants avec des magasins pour leurs caparaçons, leurs entraves et leur nourriture ; au rez-de-chaussée, d'autres écuries pour quatre mille chevaux avec les harnachements et des provisions d'orge et de fourrage pour un long séjour ; enfin, au-dessus, des casernes pour vingt mille fantassins et quatre mille cavaliers avec les armures et tout le matériel de guerre.

La beauté de la situation de Byrsa ne le cédait en rien à sa force. La colline commandait la plaine, l'isthme, la mer, et présentait une vue que ni Rome, ni Athènes, ni Constantinople ne surpassent en grandeur. A l'est, les temples, élevés sur la colline et dont la façade, frappée par les premiers rayons du soleil, regardait le golfe profond, aux eaux plus bleues que le ciel; la plage sablonneuse, bordée par les énormes quartiers de roche qui protégeaient les quais de Carthage ; la vaste mer entre le cap Hermæas et le promontoire d'Apollon. Au sud, les deux ports avec leurs flottes innombrables, le forum tumultueux et la Tænia, cette langue de terre sur laquelle s'élève aujourd'hui le fort de la Goulette. A l'ouest, l'isthme fertile, bordé, d'une part, par le lac de Tunis, couvert de flamants aux ailes de feu; de l'autre, par le lac de Soukara, deux mers qu'une étroite bande de terre tient captives. Au nord enfin, Byrsa dominait une vallée où s'étendait le faubourg de Mégara.

Mégara formait la troisième partie de Carthage ; c'était le quartier le plus vaste, le quartier des maisons opulentes et des jardins bien arrosés ; elle formait une ville à part, entourée de murailles, moins fortes toutefois que celles de Byrsa.

Telle était l'assiette et la forme de Carthage, du moins lors de sa chute, c'est-à-dire à l'une des époques les plus brillantes de son histoire, quand elle comptait encore, malgré les revers passés et les usurpations de Masinissa, trois cents villes en Libye et près de sept cent mille habitants dans ses murs.

Les auteurs varient beaucoup sur l'époque de la fondation de Carthage.

D'après l'historien Josèphe, d'autant plus digne de foi qu'il avait pu consulter les archives tyriennes, cet établissement remonterait à l'an 860 avant J.-C.

Carthage fut fondée, comme on sait, par Didon, qui avait amené avec elle une nombreuse colonie de Tyriens[1].

On rapporte, en effet, que cette princesse pour tromper la cruelle avarice d'un frère, meurtrier de son mari, s'enfuit de Tyr avec tous les trésors. Elle se dirigea vers l'Afrique. Après avoir longtemps erré à la merci des flots et des vents, elle débarqua enfin dans la Zeugitane, à trois lieues d'Utique et à six lieues de Tunes, à l'endroit même où les Sidonien savaient fondé, plusieurs siècles auparavant, la ville de Kambé. Cette ville (peut-être n'était-ce qu'un simple comptoir) avait depuis disparu ; un bois sacré au doux et frais ombrage l'avait remplacée[2]. Le lieu ayant paru propice et aimé des dieux, Didon résolut de s'y fixer avec les compagnons de sa fuite. Elle bâtit donc sur les ruines de l'ancienne ville une « ville nouvelle », *Kiriath-Hadeshât*[3], dont les Grecs ont fait Karkhêdôn et les Romains Carthage.

Les faibles commencements de cette ville n'annonçaient

1. Strabon, liv. XVII, ch. III, § 15.
2. Virgile, *Énéide*, liv. Ier, v. 445 et suiv.
3. Mot phénicien qui signifie, en effet, ville nouvelle (*Kiriath*, ville ; *hadeshât*, nouvelle).

nullement le haut point de grandeur et de puissance auquel elle parvint dans la suite [1], car, d'après la commune opinion, Élissar ou Didon n'aurait demandé au roi des Liby-Phéniciens qu'autant de terrain qu'en pourrait renfermer une peau de bœuf. Le roi ne crut pas pouvoir refuser une chose si minime en apparence, d'autant plus qu'il était bien curieux de voir comment les Tyriens s'y prendraient pour édifier une cité en si petit espace. « Lors lesdicts Tyriens [2] detrencherent le cuir de bœuf par si menües courroyes, qu'ils en environnèrent le lieu ou est de present assise la forteresse de Carthage, laquelle, pour raison de cela, fut appelée Byrsa. »

Ainsi donc, d'après Appien, qui suit en cela la version de Tite-Live, Byrsa, le nom de la citadelle de Carthage, serait un mot grec signifiant cuir, et rappellerait la légende de la peau de bœuf, divisée en lanières. Mais ce conte n'est pas du goût de tout le monde, et certains auteurs prétendent que le mot Byrsa dérive de l'hébreu *Bosra*, qui veut dire tour, forteresse. Cette dernière étymologie est d'autant plus probable que le lieu appelé Byrsa était une colline escarpée, facile à fortifier et à défendre.

Quoi qu'il en soit, c'est là que s'établit d'abord la colonie phénicienne. Sur ce point, le doute n'est guère possible. En effet, les Tyriens, en arrivant dans un pays étranger où ils pouvaient être attaqués par les indigènes, devaient naturellement avoir pour première préoccupation de se retrancher sur une position à peu près inattaquable. Mais, pas assez confiants dans la seule force de leurs mu-

1. Tite-Live, liv. XVI, ch. 1er.

2. Appien, *Guerre libyque*, ch. 1er; traduction de maistre Claude de Seyssel.

railles, ils durent aussi non moins instinctivement, — c'est toujours par là qu'un peuple naissant commence, — se placer sous la protection et la sauvegarde de leurs dieux. Comment expliquer autrement ce fait que la plupart des temples, celui de Saturne, celui de Jupiter, et les fameux temples de Baal, d'Astarté et de Moloch se trouvaient sur la colline? Or, parmi ces divinités, nous savons, à n'en pas douter, que les trois dernières étaient adorées à Tyr; elles représentaient la triade phénicienne, formée d'un seul Dieu en trois personnes distinctes : Baal, monstre barbu, au corps de femme, dont la coiffure se terminait par une trompe, dont les mains tenaient l'une un sceptre et l'autre un œuf, était considéré comme la première personne [1] de cette triade, dont les deux autres étaient : Astarté, la lune, la reine du ciel, à la langue pendante, au corps couvert de mamelles, et Moloch ou Melkarth, le dieu à tête de taureau, avide d'enfants et de victimes humaines, protecteur de la navigation et du commerce, avec des ailes à la ceinture et aux genoux, un glaive dans la main gauche et un gril dans la main droite. C'est du moins ainsi que trois petites idoles ou statuettes en bronze du musée de Cagliari, en Sardaigne, représentent Baal, Astarté et Moloch. Tyr était le centre principal du culte rendu à ces trois divinités, mais les Tyriens leur élevaient des sanctuaires dans toutes leurs stations maritimes [2]; évidemment Élissar, en mettant pied sur la côte africaine, avait dû se conformer à cette coutume religieuse, et les temples bâtis sur les hauteurs de Byrsa attestent que ce lieu avait été l'emplacement choisi pour recevoir les divinités tyriennes.

1. En effet, le mot *Baal* signifie maître. — V. Louis Ménard, *Histoire ancienne des peuples de l'Orient,* liv. IV, ch. II.

2. Louis Ménard, *id.,* liv. IV, ch. II et IV.

Une autre preuve non moins irrécusable de l'établissement de la colonie phénicienne à Byrsa, c'est la présence même sur cette colline de la demeure de Didon, qui, pendant des siècles, conserva sa simplicité primitive. C'est du haut des terrasses qui couronnaient cette maison que la reine éplorée aurait, suivant la fiction de Virgile, vu fuir la flotte troyenne ; c'est sur le sommet de Byrsa qu'elle éleva le bûcher où elle monta, infortunée victime de l'amour, cherchant de ses yeux mourants, les voiles qui emportaient l'ingrat Énée, et murmurant ces plaintes touchantes :

> Hauriat hunc oculis ignem crudelis ab alto
> Dardanus, et nostræ secum ferat omina mortis [1].

C'est à la place même du bûcher que les Tyriens, touchés de commisération, élevèrent un temple à leur reine pour perpétuer sa mémoire.

Byrsa fut donc, cela est incontestable, le berceau de Carthage. Mais peu à peu la population s'accrut : les Africains accourant en foule pour commercer avec les nouveaux venus, et beaucoup d'entre eux s'établissant autour de la forteresse pour être plus à portée, la ville descendit jusqu'au pied de la colline et s'étendit dans la plaine. Byrsa devint alors la citadelle, le lieu de refuge, le siège, le centre de la cité, comme l'Acropole à Athènes, le Capitole à Rome, l'hôtel de ville dans les communes et les républiques du moyen âge.

Bientôt cette ville qui à son origine tenait tout entière

1. « Que le cruel voie, du haut de sa poupe, cette flamme qui va me consumer; qu'il en repaisse ses yeux, et qu'il emporte avec lui le présage assuré de ma mort. » (Virgile, *Énéide,* liv. IV, v. 662 et 663.) Tite-Live attribue à un autre sentiment la fin tragique de cette princesse. V. liv. XVI, ch. 1er et II.

sur une colline dont la circonférence n'excédait pas une lieue, compta six lieues et demie de tour. La prédiction s'accomplissait.

On dit, en effet, qu'en creusant les fondements de Carthage on avait trouvé une tête de cheval [1], ce qui avait paru de bon augure et comme un présage de grandeur et de puissance [2].

Carthage, favorisée de ses voisins, habitée par une nation active, industrieuse, entreprenante, pleine de sève et de jeunesse, ne tarda pas à prospérer et à prendre un développement prodigieux.

Elle s'étendit d'abord dans le pays même. Ses premières guerres furent pour se délivrer du tribut annuel [3], qu'elle était obligée de payer à ses voisins. Elle porta ses armes contre eux; après une longue suite de combats, le succès aidant, elle s'affranchit de cette servitude et parvint même à soumettre à sa domination toute la partie de la Libye comprise entre les autels des frères Philènes, sur la grande Syrte, jusqu'aux Colonnes d'Hercule, sur l'Océan.

Cette conquête ne dut pas être aisée, car le pays était occupé par des nations belliqueuses, par les Mauritaniens et les Gétules sans compter les Numides, ces cavaliers redoutables qui se tenaient à cru sur leurs chevaux, qui les montaient sans selle, sans couverture et même sans mors, *infreni,* qui en menaient deux de front au combat et sautaient de l'un sur l'autre avec une agilité incroyable.

Une fois l'arbitre et la souveraine des peuplades voisines, bien mieux, après s'être taillé à sa guise un im-

1. Virgile, *Énéide,* liv. Ier, v. 445 et suiv.
2. Le cheval était à Carthage ce que le loup, puis l'aigle furent à Rome.
3. Tite-Live, liv. XVI, ch. II et VII.

mense empire continental au nord de l'Afrique, Carthage voulut établir sa domination sur les mers.

Pour cela, il fallait avant tout arrêter les progrès et l'ambition de Cyrène, ville puissante, située sur la Méditerranée, vers la grande Syrte, qui menaçait de devenir sa rivale. Cyrène avait été fondée par les Grecs entre 648 et 625 avant J.-C. [1]. « Elle devait son développement si

Les ruines de Cyrène.

rapide aux ressources infinies de son territoire qui lui avaient permis de devenir pour les autres pays un incomparable haras en même temps qu'un grenier d'abondance [2]. » Son commerce avec les peuples méditerranéens était considérable.

Carthage l'avait déjà attaquée sur terre, elle l'attaqua et la vainquit aussi sur mer. L'abaissement de Cyrène lui permit de donner un libre cours à ses envahissements.

1. Maspero, *Histoire ancienne des peuples de l'Orient*, liv. IV, ch. XII.
2. Strabon, liv. XVII, ch. III, § 21.

Sortant alors de l'Afrique, elle porta ses conquêtes au dehors. La Sardaigne n'était pas loin, elle était bonne à prendre « étant données sa situation, son étendue, sa fertilité et sa population [1] » : elle la prit. De la Sardaigne à la Corse, il n'y avait qu'un détroit d'environ trois lieues à franchir, elle le franchit. Les Baléares étaient également à portée, elle y mit la main ainsi que sur toutes les îles de la Méditerranée occidentale, Melita (Malte), Gaulos (Gozzo) et Cercina (Kerkeni)...

Vers la même époque, une de ses sœurs aînées, Gadès, lui ayant demandé du secours contre ses voisins [2], Carthage profita de l'occasion pour s'établir sur les côtes d'Espagne, que baigne la Méditerranée. Bientôt même la Mauritanie et l'Espagne du sud ne furent plus la limite extrême du commerce de Carthage vers l'Occident.

Les expéditions des Tyriens avaient fait connaître, le long de la côte d'Afrique, des pays riches en or, en ivoire, en bois précieux, en produits de toutes sortes. Carthage, à l'exemple de Tyr, voulut visiter ces régions lointaines et y fonder des colonies. A cet effet, elle chargea l'un de ses amiraux, Hannon, d'organiser une expédition considérable, de franchir les Colonnes d'Hercule et de faire le tour de l'Afrique jusqu'à la mer Rouge. L'entreprise, hardie en tout temps, était des plus périlleuses pour les vaisseaux de l'époque ; les marins devaient toujours se tenir en vue des côtes, et les côtes d'Afrique sont d'une navigation difficile. Hannon ne se laissa pas rebuter par les dangers de l'aventure et se lança bravement dans l'inconnu. L'expédition se composait de soixante vaisseaux,

1. Polybe, liv. Ier, ch. XVII. — D'après Maspero, Carthage aurait conquis la partie méridionale de la Sardaigne, soixante années à peine après sa fondation. V. liv. IV, ch. XI.

2. Tite-Live, liv. XVI, ch. VII et IX.

sur lesquels on avait embarqué trente mille personnes des deux sexes. Pendant plusieurs mois, les Carthaginois marchèrent vers le sud, la gauche au continent qui s'allongeait devant eux, la droite à l'occident, fondant, sur les côtes, ici des villes, là des temples. Vers l'automne, ils débarquèrent sur la plage la plus proche, semèrent le blé dont ils s'étaient munis et attendirent que le grain fût mûr : après la moisson, ils reprirent la mer. Arrivés à un certain endroit ils trouvèrent une race d'hommes très timides qui fuirent à leur aspect[1] ; ils naviguèrent encore assez longtemps, mais ils furent enfin obligés, faute de vivres, de revenir sur leurs pas, après être parvenus jusqu'à la Gambie, et même au delà de Sierra-Leone. Cinq ans après son départ, Hannon venait déposer son célèbre périple dans le temple de Saturne.

Le voyage d'Hannon ne demeura pas comme un fait curieux, sans résultat ; il ouvrit au commerce des débouchés nouveaux, notamment les Madère, les Canaries et les îles du Cap-Vert.

Pendant qu'Hannon explorait la côte du Maroc bien loin au sud, et fondait, entre le détroit de Gadès et le Sénégal, des colonies nombreuses, Himilcon et les autres amiraux de Carthage remontaient la côte d'Espagne, traversaient la mer des Gaules et pénétraient jusqu'aux îles Cassitérides ou îles de l'Étain[2], peut-être même jusqu'à l'Islande, la lointaine *Thulè* de Pythéas, au delà de laquelle il n'y avait plus de navigation possible, parce qu'elle était regardée comme la limite extrême et infranchissable de la terre. Carthage se substituait à Tyr en Occident. La *ville*

1. Maspero, *Histoire ancienne des peuples de l'Orient,* liv. IV, ch. XII.
2. On suppose que ce sont les Iles-Britanniques ou les îles Sorlingues. — Louis Ménard, *Histoire ancienne des peuples de l'Orient,* introduction et liv. IV, ch. III.

neuve, après avoir éclipsé ses sœurs et ses voisines, Hippo-Zarytos, Utique, Tunes, Adrumète, Leptis, entrait en rivalité d'intérêts avec la mère patrie : tous les peuples et tous les comptoirs que Tyr paralysée par ses guerres ne pouvait plus défendre, se mettaient sous la protection de Carthage. Le vieux nom national de *Pœni,* d'abord entendu sur les rives du golfe Persique, résonnait maintenant sur les eaux de la Méditerranée et de l'océan Atlantique [1], et l'empire punique remplaçait en Occident l'empire phénicien. La Phénicie n'avait plus une colonie qui reconnût son autorité, ni en Sardaigne, ni en Sicile, ni sur la côte d'Espagne, ni sur celle d'Afrique. Carthage servait de commissionnaire en marchandises au monde entier.

Sur le périple d'Hannon et sur l'empire commercial de Carthage, il faut lire un beau chapitre de *l'Esprit des lois :*

« Carthage, dit Montesquieu, accrut sa puissance par ses richesses, et ensuite ses richesses par sa puissance. Maîtresse des côtes d'Afrique, que baigne la Méditerranée, elle s'étendit le long de celles de l'Océan. Hannon, par ordre du sénat, répandit trente mille Carthaginois depuis les colonnes d'Hercule jusqu'à Cerné. Il dit que ce lieu est aussi éloigné des colonnes d'Hercule que les colonnes d'Hercule le sont de Carthage. Cette position est très remarquable ; elle fait voir qu'Hannon borna ses établissements au vingt-cinquième degré de latitude nord, c'est-à-dire, deux ou trois degrés au delà des îles Canaries vers le sud.

« Hannon, étant à Cerné, fit une autre navigation, dont l'objet était de faire des découvertes plus avant vers le midi. Il ne prit presque aucune connaissance du continent. L'étendue des côtes qu'il suivit fut de vingt-six

1. Maspero, *Histoire ancienne des peuples de l'Orient,* liv. IV, ch. XI.

jours de navigation, et il fut obligé de revenir, faute de vivres. Il paraît que les Carthaginois ne firent aucun usage de cette seconde entreprise d'Hannon.

« C'est un beau morceau de l'antiquité que la relation d'Hannon. Le même homme qui a exécuté, a écrit : il ne met aucune ostentation dans ses récits. Les choses sont comme le style. Il ne donne point dans le merveilleux. Tout ce qu'il dit du climat, du terrain, des mœurs, des manières des habitants, se rapporte à ce qu'on voit aujourd'hui dans cette côte d'Afrique ; il semble que c'est le journal d'un de nos navigateurs.

« Hannon remarqua sur sa flotte que, le jour, il régnait dans le continent un vaste silence [1] ; que, la nuit, on entendait les sons de divers instruments de musique, et qu'on voyait partout des feux, les uns plus grands, les autres moindres. Nos relations confirment ceci : on y trouve que, le jour, les sauvages, pour éviter l'ardeur du soleil, se retirent dans les forêts ; que, la nuit, ils font de grands feux pour écarter les bêtes féroces ; et qu'ils aiment passionnément la danse et les instruments de musique.

« Hannon nous décrit un volcan avec tous les phénomènes que fait voir aujourd'hui le Vésuve ; et le récit qu'il fait de ces deux femmes velues qui se laissèrent plutôt tuer que de suivre les Carthaginois, et dont il fit porter les peaux à Carthage, n'est pas, comme on l'a dit, hors de vraisemblance.

« Cette relation est d'autant plus précieuse qu'elle est un monument punique, et c'est parce qu'elle est un monument punique qu'elle a été regardée comme fabuleuse.

« On dit des choses bien surprenantes des richesses de

1. Pline dit la même chose du mont Atlas; *Histoire naturelle*, liv. V, ch. 1er.

l'Espagne. Si l'on en croit Aristote[1], les Phéniciens qui abordèrent à Tartasse y trouvèrent tant d'argent que leurs navires ne pouvaient le contenir, et ils firent faire de ce métal leurs plus vils ustensiles. Les Carthaginois, au rapport de Diodore[2], trouvèrent tant d'or et d'argent dans les Pyrénées qu'ils en mirent aux ancres de leurs navires. Il ne faut point faire de fonds sur ces récits populaires. Voici des faits précis :

« On voit dans un fragment de Polybe, cité par Strabon[3], que les mines d'argent qui étaient à la source du Bétis, où quarante mille hommes étaient employés, donnaient vingt-cinq mille drachmes par jour : cela peut faire environ cinq millions de livres par an à cinquante francs le marc. On appelait les montagnes où étaient ces mines, les *montagnes d'argent,* ce qui fait voir que c'était le Potosi de ces temps-là.

« Les Carthaginois, maîtres du commerce de l'or et de l'argent, voulurent l'être encore de celui du plomb et de l'étain. Ces métaux étaient voiturés par terre, depuis les ports de la Gaule sur l'Océan, jusqu'à ceux de la Méditerranée. Les Carthaginois voulurent le recevoir de la première main ; ils envoyèrent Himilcon pour former des établissements dans les îles Cassitérides, qu'on croit être celles de Scilly.

« Ces voyages de la Bétique en Angleterre ont fait penser à quelques gens que les Carthaginois avaient la boussole ; mais il est clair qu'ils suivaient les côtes. Je n'en veux d'autre preuve que ce que dit Himilcon, qui demeura quatre mois à aller de l'embouchure du Bétis en

1. Aristote, *Traité des merveilles.*
2. Diod., VI.
3. Strabon, III.

Angleterre : outre que la fameuse histoire de ce pilote carthaginois[1], qui, voyant venir un vaisseau étranger, se fit échouer pour ne pas lui apprendre la route d'Angleterre, fait voir que ces vaisseaux étaient très près des côtes lorsqu'ils se rencontrèrent. »

Ce passage de Montesquieu nous montre l'empire commercial des Carthaginois répandu sur toutes les côtes de

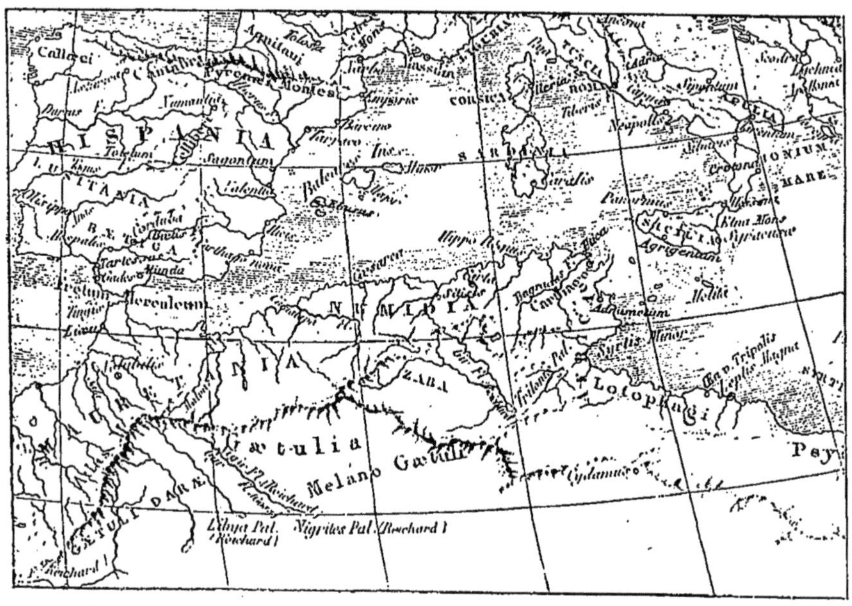

Carte de l'Afrique ancienne et des colonies carthaginoises.

l'Afrique, de la Sicile, de la Sardaigne et de la Corse, de la Gaule, de l'Espagne, et jusque sur les rivages du grand Océan.

Malgré ce vaste empire colonial, la dévorante Carthage n'était pas satisfaite : c'est qu'elle ne possédait pas la Sicile, et c'est surtout cette île, si riche et si belle, la plus grande

1. Il en fut récompensé par le sénat de Carthage. (Strabon, III, *sub fine.*)

de la Méditerranée, qu'elle convoitait. Elle avait bien réussi dans une première invasion à y fonder quelques établissements solides sur la côte méridionale, mais Panormos (Palerme), Lilybée (Marsala), Motya et Kephier (Solonte) ne lui suffisaient pas, elle voulait l'île tout entière pour donner à sa puissance maritime une base inébranlable. Elle l'envahit donc de nouveau, en 480, mais sans succès : elle fut repoussée, et Hamilcar, battu par Gélon, périt dans le désastre. Toutefois Carthage conserva ses anciennes possessions.

Elle revint à la charge en 410. Dans cette troisième et longue période (410-307), elle eut pour adversaires Denys l'Ancien, Denys le Jeune, Timoléon et Agathocle ; elle sacrifia des sommes fabuleuses et plus de cent cinquante mille hommes, et si elle remporta des victoires signalées, elle essuya aussi de sanglantes défaites [1]. Agathocle surtout lui causa de terribles alarmes. Vaincu en Sicile, assiégé dans Syracuse, sans aucun espoir de salut, il conçut le dessein le plus hardi et le plus impraticable en apparence : celui de porter la guerre en Afrique. Et il l'exécuta. Se dérobant par un brouillard épais à la poursuite de la flotte carthaginoise, il parvint à débarquer aux Carrières. Là, pour ne laisser à ses soldats d'autre ressource que la victoire, il brûla les vaisseaux qui l'avaient porté. Ses conquêtes furent foudroyantes : Hippo-Zarytos, Utique, Tunes la Blanche, Mégalopolis tombèrent l'une après l'autre en son pouvoir ; en quelques jours, il se trouva sous les murs de Carthage. C'est alors que, pour calmer la colère divine, on précipita dans la statue ardente de Moloch deux cents enfants, qui furent brûlés, aux sons redoublés du tambourin, au milieu des chants

1. Tite-Live, XVI, ch. VII, VIII, IX et suiv.

rauques et barbares, des danses frénétiques des prêtres de ce dieu. Cependant Carthage, non seulement se tira de ce mauvais pas, mais on voyait clairement qu'elle aurait fini par se rendre maîtresse de la Sicile, si, en 264, elle n'eût rencontré le bras de fer qui devait l'abattre.

Les Romains étaient las des prétentions orgueilleuses de Carthage, qui leur avait défendu de naviguer au delà du Beau Promontoire, de trafiquer en Afrique, en Corse et en Sardaigne, bien plus, qui ne souffrait pas seulement *qu'ils se lavassent les mains dans les mers de Sicile*. Toutefois, tant qu'elle avait paru se contenter de l'empire de la mer, ils n'avaient rien dit; mais lorsqu'ils virent qu'elle prétendait aussi à l'empire de la terre, craignant avec raison qu'après avoir subjugué la Sicile, elle ne passât en Italie, en se servant de Messine comme d'un pont pour franchir le détroit[1], ils résolurent de l'arrêter.

C'est à ce moment que commencèrent ces longues guerres connues dans l'histoire sous le nom de *puniques*. Cette lutte ne devait pas seulement décider du sort d'une île, mais du sort de deux empires; il s'agissait de savoir à qui, de Rome ou de Carthage, appartiendrait la domination du monde.

La réponse à cette question n'était pas facile à faire, car les deux rivales paraissaient également puissantes.

Les forces de Carthage consistaient surtout dans ses flottes innombrables; elle l'emportait sur les autres nations maritimes par la science de la navigation, par l'art dans la construction des vaisseaux, par l'adresse et la facilité des manœuvres, par l'expérience des pilotes, par la connaissance des côtes, des plages, des rades, des vents et par l'abondance de ses ressources.

1. Polybe, liv. Ier, ch. 1er.

Mais son armée n'égalait pas sa marine : l'infanterie, ce principal soutien de tout empire, n'était pas ou était peu estimée et employée chez elle, et elle ne faisait pas plus de cas ni d'usage de la cavalerie[1].

Les Carthaginois n'étaient pas précisément guerriers de leurs personnes. Ils allaient à l'armée en petit nombre, protégés par de pesantes et riches armures. Leur vie était trop précieuse pour la risquer. Et encore la majeure partie de ceux qui y allaient devait-elle être composée d'Africains indigènes, soit Libyens du désert, soit montagnards de l'Atlas. Le génie militaire des Barca appartenait, comme leur nom semble l'indiquer, aux nomades belliqueux de la Libye, plus qu'aux commerçants phéniciens. Les vrais Carthaginois étaient les Hannon, administrateurs avides et généraux incapables.

Toutes les fois que Carthage avait une guerre, elle en était réduite à se servir d'armées mercenaires composées d'Espagnols, de Gaulois, de Liguriens, de Baléares, de Grecs métis, d'Italiens déserteurs, sutout d'Africains indigènes ; mais ces armées sans patriotisme, sans dévouement, sans cohésion, sans fidélité, aussi insolentes après la victoire que démoralisées après la défaite, étaient loin de valoir les milices de Rome, disciplinées, aguerries, exercées, mues non par l'intérêt, mais par l'amour du pays, de la liberté et de la gloire ; troupes vraiment nationales, nourries et élevées dans les mœurs et les coutumes du pays, inaccessibles au découragement, puisant même dans les revers et à la vue des foyers menacés des forces nouvelles. Seulement, si toutes les chances semblaient être pour Rome sur terre, il n'en était pas de même, tant s'en faut, sur mer, où, à vrai dire, elle ne comptait pas :

1. Tite-Live, XVI, ch. VI.

L'un des premiers ennemis que rencontra Regulus en Afrique fut un boa monstrueux.

elle n'avait ni matelots, ni vaisseaux, ni aucune connaissance de la navigation. C'est que jusqu'alors elle avait négligé la marine. Ce qui le prouve, c'est que le consul Appius sera obligé de faire passer les légions en Sicile (265), partie sur des vaisseaux grecs, partie sur des radeaux. Ce qui le prouve encore, c'est qu'elle sera obligée, pour se construire une flotte, de prendre pour modèle une galère échouée de Carthage[1], et, pendant la construction, d'exercer ses rameurs à sec, en les faisant manœuvrer sur le rivage. Néanmoins, dès la première rencontre, le consul Duilius sera vainqueur, mais grâce à sa terrible invention des *corvi* ou mains de fer qui, en s'abaissant sur les vaisseaux carthaginois, les rendront immobiles, faciliteront l'abordage et changeront le combat naval en un combat corps à corps où le courage et la solidité tiendront lieu aux Romains de tout le reste.

Quand donc les Carthaginois, maîtres d'une partie de la Sicile, arrivèrent à Messine, sur les bords du détroit, ils se trouvèrent face à face avec les armées romaines et le duel, ce duel mémorable, commença.

Le sort des armes fut d'abord contraire à Carthage : elle fut battue non seulement sur terre, mais même sur mer, contre toute attente, et Regulus, reprenant l'idée d'Agathocle, transporta la guerre de Sicile en Afrique. Il aborda au promontoire d'Hermæas, qui, s'élevant du golfe de Carthage, s'avance dans la mer du côté de la Sicile. L'un des premiers ennemis qu'il rencontra sur les bords du Bagradas[2], fut un boa, un de ces serpents monstrueux dont l'espèce semble avoir fort diminué. Il fallut toute l'armée romaine pour en venir à bout[3].

1. Polybe, liv. Ier, ch. IV.
2. Aujourd'hui Medjerda.
3. Tite-Live, liv. XVIII, ch. XV et XVI.

L'arrivée de Regulus en Afrique fut saluée par les indigènes comme celle d'un libérateur. Environ deux cents villes se donnèrent à lui, entre autres Aspis ou Clypéa, Hippo-Zarytos, Utique et Tunes. Carthage tremblante demanda la paix. Regulus ne voulut point la lui accorder, si elle conservait plus d'un vaisseau armé. La peur allait faire consentir à tout, lorsqu'un Lacédémonien, nommé Xantippe, qui se trouvait à Carthage, déclara qu'il restait trop de ressources pour ne pas résister encore. Mis à la tête de l'armée il sut attirer les Romains dans les plaines qui s'étendent derrière Tunis et les battit avec sa cavalerie et ses éléphants. Regulus entra dans Carthage, mais captif. Les Carthaginois lui firent payer cher la peur qu'il leur avait causée. Au dire de certains historiens, il aurait été livré par eux aux tourments d'une longue mort. On l'aurait exposé au soleil brûlant d'Afrique après lui avoir coupé les paupières, on l'aurait enfermé et roulé vivant dans un tonneau hérissé en dedans de pointes de fer, et c'est au milieu de ces supplices qu'il aurait rendu l'âme [1].

D'ailleurs son vainqueur Xantippe n'aurait pas eu un meilleur sort. Les Carthaginois l'auraient renvoyé avec de riches présents pour le faire périr en route et le jeter à la mer.

La victoire de Tunis, suivie de plusieurs autres, avait eu pour résultat de fixer la guerre en Sicile (257). Les Romains n'y furent pas plus heureux ; pendant huit ans, ils y furent vaincus. Et c'est au milieu des succès d'Hamilcar, le père du fameux Annibal, que Carthage se crut tout à coup réduite à traiter. Un petit échec de sa flotte aux îles Égates avait suffi pour lui ôter tout courage. La paix lui coûta cher : elle dut céder la Sicile aux Romains,

1. Tite-Live, liv. XVIII, ch. LXIV ; Appien, ch. Ier.

s'engageant en outre à leur payer trois mille talents (dix-huit millions de francs) dans l'espace de dix années. L'honneur était loin d'être sauf, mais le commerce des marchands, des financiers, des Hannon en un mot, l'était, et c'était tout !

« Le premier châtiment de Carthage, après la paix honteuse des îles Égates, ce fut le retour de ses armées. Sur elle retombèrent ces bandes sans patrie, sans foi, sans dieu[1], » qu'elle avait poussées sur les autres peuples. Il fallut les payer. C'était dur : elle était dénuée après cette longue guerre ; elle crut s'en débarrasser en les envoyant à Sicca, sur la plage aride, avec les femmes et les enfants, en donnant à chaque homme une pièce d'or pour les besoins les plus urgents[2]. Mais ce stratagème ne lui réussit pas. Voyant qu'on ne les soldait pas, les mercenaires marchèrent sur Carthage au nombre de vingt mille, et campèrent à Tunis, qui n'en est qu'à quatre ou cinq lieues[3].

Toute guerre qui éclatait en Afrique, que l'ennemi fût Agathocle, Regulus ou les mercenaires, réduisait Carthage à ses murailles : tant son joug était détesté ! Dans la première guerre punique, les Carthaginois avaient traité les Africains avec la dernière dureté, exigeant des gens de la campagne la moitié de leurs revenus et doublant les impôts aux habitants des villes, sans faire quartier ni grâce à personne, pas même aux pauvres. Un administrateur, pour être bien coté, devait être impitoyable, tirer beaucoup des sujets. Hannon, par exemple, était un homme de leur goût. Des peuples ainsi pressurés n'a-

1. Michelet, *Hist. rom.*

2. Pour ces détails et la plupart de ceux qu'on va lire, nous avons suiv le beau récit de Polybe. V. liv. Ier, ch. xv et suiv.

3. Tite-Live, liv. XXX, ch. IX.

vaient pas besoin qu'on les poussât à la révolte, c'était assez qu'il y en eût une pour s'y joindre. Soixante-dix mille Africains se réunirent donc aux mercenaires. Les femmes même, qui avaient vu tant de fois traîner en prison leurs maris et leurs parents, pour n'avoir pas payé les impôts, s'empressèrent de donner pour les troupes tout ce qu'elles avaient d'effets et de parures. Utique et Hippo-Zarytos, les principaux boulevards de Carthage, ses plus fermes soutiens lors de l'irruption d'Agathocle et de Regulus, après avoir d'abord hésité, finirent par massacrer les garnisons, laissant les soldats sans sépulture. Cette double défection permit aux rebelles, déjà maîtres de Tunis, d'assiéger la capitale et d'y répandre la terreur, soit de jour, soit de nuit.

Cependant, les Carthaginois étant serrés de près dans leur ville, le parti de Barca, celui de la guerre, reprit le dessus, et le grand Hamilcar eut le commandement des troupes. Cet habile général sut par promesses et argent gagner les Numides, dont la cavalerie était si nécessaire dans ce pays de plaines. Dès lors les vivres commencèrent à manquer aux mercenaires qui, se sentant perdus, en vinrent aux moyens désespérés. Ils avaient retenu prisonnier, au début de la révolte, et chargé de fers un de leurs anciens généraux de Sicile, Giscon, qu'on leur avait député pour les apaiser. On prit Giscon et les siens, au nombre de sept cents, on les mena hors du camp, on leur coupa les mains et les oreilles, on leur cassa les jambes, et on les jeta, encore vivants, dans une fosse. Quand Hamilcar envoya demander au moins les cadavres, les barbares lui firent répondre *que tout Carthaginois qui serait pris périrait dans les mêmes supplices.* Alors commencèrent d'épouvantables représailles. Carthage fit jeter aux bêtes les rebelles tombés entre ses mains.

Les Barcas et les Hannons, réconciliés par le danger, agirent de concert pour la première fois. Hamilcar, chassant les mercenaires des plaines avec sa cavalerie numide, et les poussant dans les montagnes, parvint à enfermer une de leurs armées dans le défilé de la Hache, où, ne pouvant ni fuir ni combattre, ils se trouvèrent réduits par la famine à l'exécrable nécessité de se manger les uns les autres. Les prisonniers et les esclaves y passèrent d'abord; mais, quand cette ressource manqua, il fallut bien capituler : les chefs, un certain Spendius, Campanien, esclave fugitif de Rome, le Gaulois Autarite et les autres, menacés par la multitude, demandèrent une entrevue à Hamilcar. Il ne la refusa point, et convint avec eux que, sauf dix hommes à son choix, il renverrait tous les autres. Le traité fait, Hamilcar dit aux envoyés : « *Vous êtes des dix,* » et il les retint. Les mercenaires étaient si bien enveloppés, que, de quarante mille, pas un seul n'échappa. L'autre armée ne fut pas plus heureuse; elle fut détruite dans une grande bataille, et son chef, Mathos, un Africain, traîné à Carthage, devint le jouet d'une vile populace.

A la suite de ces deux victoires, toutes les places de Libye firent leur soumission, y compris Hippo-Zarytos et Utique. Tunis, qui avait été une des premières à se soulever, ne fut pas la dernière à rentrer dans le devoir.

Ainsi finit, au bout de trois ans et quatre mois (241-238), la guerre des mercenaires; il s'était commis tant d'atrocités qu'on l'appela la *guerre inexpiable*.

Les Romains, profitant de la détresse de Carthage pendant la révolte des mercenaires, lui avaient pris la Corse et la Sardaigne[1], la menaçant, en outre, de la

1. Polybe, liv. Ier, ch. XVII.

guerre, si elle n'ajoutait au traité stipulé douze cents talents euboïques.

La prise de ces deux îles était une cause de guerre suffisante; mais Carthage, à bout de forces et de ressources, ne voulut pas s'engager tout de suite dans une lutte qui pouvait ruiner son commerce et compromettre à jamais sa puissance politique. N'osant donc attaquer sa rivale de front ni la prendre corps à corps, elle réso-d'aller à sa rencontre par un immense circuit.

Une insurrection éclatait à propos chez les Numides et les Mauritaniens. Il fallait faire respecter le *coursier punique*. Carthage profita de l'occasion pour lancer Hamilcar du côté de l'Espagne.

En une année, celle même qui suivit la guerre des mercenaires (237), Hamilcar parcourut toutes les côtes de l'Afrique ; puis, entraînant dans son armée les Numides et les Mauritaniens, qui tous ne demandaient pas mieux que d'aller, sous un chef habile et prodigue, piller la riche Espagne aux mines d'argent, il y passa et soumit toute la partie de la péninsule battue par les flots de l'Océan. Il méditait déjà de pénétrer en Italie à travers les Pyrénées, les Gaules et ces Alpes dont aucune armée régulière n'avait encore franchi les neiges éternelles, mais un coup imprévu l'arrêta au milieu de ses projets. Son successeur et son gendre, Hasdrubal, l'enfant gâté du peuple de Carthage, n'eut pas non plus le temps de les exécuter : il tomba sous le poignard d'un assassin, après avoir fondé, à l'orient de la péninsule, en face de l'Afrique, Carthagène, qu'il destinait sans doute à devenir la rivale de Sagunte, ville alliée des Romains. L'armée se choisit alors un général de vingt et un ans, Annibal, fils d'Hamilcar, élevé loin de Carthage, dans les camps, au milieu des soldats, déjà le meilleur fantassin et le meilleur cavalier de l'armée.

Encore petit enfant et sur les genoux de son père, il avait demandé avec caresses d'être mené en Espagne et de voir la guerre. Hamilcar le lui avait accordé, mais à la condition que, mettant la main sur l'autel de Jupiter, il jurerait une haine implacable aux Romains. Annibal avait juré. Le fils allait maintenant exécuter les grands projets du père.

Sans se soucier du traité signé par le pacifique Hasdrubal avec Rome et d'après lequel les Carthaginois ne pouvaient passer l'Èbre, non seulement Annibal passa le fleuve, mais il détruisit Sagunte (au nord de Valence), l'alliée de Rome. Puis il se mit en marche pour l'Italie, entraînant contre elle des Numides, des Mauritaniens, des Espagnols, des Gaulois des deux côtés des Alpes et d'autres peuples encore, « pour donner à cette guerre, dit Michelet [1], l'impétuosité et la grandeur d'une invasion universelle des Barbares de l'Occident. »

Le duel recommençait entre Rome et Carthage, non plus en Sicile, mais en Espagne et au cœur même de l'Italie; il fut moins long que le premier, sans être moins terrible (219-202). Cette fois, la fortune se déclara d'abord en faveur des Carthaginois, et Annibal, victorieux sur le Tésin et la Trébie, près du lac Trasimène et à Cannes, alla camper à quarante stades (environ deux lieues) de la Ville éternelle. Un instant, Rome se crut perdue: un jeune homme, déjà célèbre par ses exploits en Espagne, où il venait de venger la mort de son père et celle de son oncle, la sauva. « Le fils de Publius Scipion était, dit encore Michelet, un de ces hommes aimables et héroïques, si dangereux dans les cités libres. Rien de la vieille austérité romaine; un génie grec plutôt, et quelque chose

1. Michelet, *Hist. rom.*

d'Alexandre. On l'accusait de mœurs peu sévères, et, dans une ville qui commençait à se corrompre, ce n'était qu'une grâce de plus. Du reste, peu soucieux des lois, les dominant par le génie et l'inspiration; chaque jour, il passait quelques heures enfermé au Capitole, et le peuple n'était pas loin de le croire fils de Jupiter [1]. »

Rappelé à Rome pour combattre Annibal, Scipion proposa de transporter la guerre en Afrique, à l'exemple d'Agathocle et de Regulus. Ce n'est pas dans son repaire du Brutium, dit-il au sénat, qu'il faut attaquer le monstre; il faut le traîner au grand jour, sur la plage nue de l'Afrique : il ne sera nulle part plus faible.

Malgré l'opposition jalouse de Fabius et des vieux Romains [2], le sénat accueillit la proposition du jeune consul.

Carthage en était encore à interroger les voyageurs sur les projets de Scipion, lorsqu'il débarqua près du promontoire appelé le Beau (204) [3]. Son premier soin fut de se porter contre Utique, pour s'en faire, s'il la prenait, une place d'armes destinée à assurer le succès de ses autres opérations [4]. Une double attaque fut dirigée contre elle, par l'armée de mer, du côté où la ville est baignée par les flots, et par l'armée de terre, à la faveur d'une éminence qui dominait les remparts. Mais, après quarante jours de siège et d'efforts extraordinaires, il dut se retirer.

Cependant Scipion espérait attirer dans son parti le roi des Numides, Syphax [5], dont il avait su gagner l'estime

1. Michelet, *Hist. rom.*
2. Tite-Live, liv. XXVIII, ch. XL et suiv.
3. Appien, *Guerre libyque*, ch. III.
4. Tite-Live, liv. XXIX, ch. XXVII, XXXIV et XXXV.
5. Tite-Live, liv. XXVIII, ch. XVII.

Et, comme les lions, à vivre de rapine dans les forêts.

et l'amitié dès le temps où il était préteur en Espagne. Mais depuis, Syphax avait épousé la trop belle Sophonisbe, fille du général carthaginois Hasdrubal Giscon. La dangereuse étrangère, outre les caresses, armes déjà si puissantes sur le cœur d'un époux passionné, surtout lorsque cet époux est un homme de race africaine, employa, auprès de Syphax, les prières les plus touchantes, le conjurant tout en larmes de ne point trahir son père et sa patrie [1]. Elle tourna sans peine du côté des Carthaginois l'esprit de son mari.

Alors Scipion appela à lui Massanasès, ou Masinissa [2], que Syphax avait dépouillé de son royaume. Longtemps Syphax avait poursuivi son compétiteur dans le désert, mais celui-ci, qui était le meilleur cavalier de l'Afrique, lui avait toujours échappé [3]. Dès qu'il était serré de près, il congédiait ses cavaliers en leur assignant un lieu de ralliement. Il avait été souvent réduit à se cacher dans les ténèbres, et, comme les lions, ses hôtes de hasard, à vivre de rapine dans les forêts [4]. Il lui arriva une fois de passer jusqu'à trois jours et trois nuits dans une caverne, autour de laquelle campait Syphax [5]. Masinissa n'avait ni royaume, ni argent, ni troupes, ni ressources d'aucune sorte, mais il connaissait admirablement le pays et il apportait à Scipion avec la parfaite connaissance des lieux, des hommes et des choses, l'expérience consommée des guerres africaines. Carthage et Syphax n'avaient pas

1. Tite-Live, liv. XXX, ch. VII.

2. Syphax était roi de la Numidie occidentale, aujourd'hui provinces d'Alger et d'Oran. — Masinissa, son rival, était roi de la Numidie orientale, qui correspond à notre province de Constantine. Cirta, la ville actuelle de Constantine, était la capitale de ses États.

3. Tite-Live, liv. XXIX, ch. XXIX et suiv.

4. Tite-Live, liv. XXX, ch. XIII.

5. Appien, *Guerre libyque*, ch. II.

d'ennemi plus redoutable, Scipion d'allié plus fidèle et de soldat plus intrépide ; il était de toutes les affaires qui demandaient audace et bravoure, il prit part à l'incendie des deux camps.

Craignant d'en venir aux mains avec un ennemi de beaucoup supérieur en nombre, Scipion, pour s'en défaire, s'avisa d'un habile stratagème [1]. Il savait par ses espions que les huttes des Carthaginois étaient toutes construites de bois ou de branchages, celles des Numides de joncs ou de feuillage. Y mettre le feu, c'était détruire du même coup les deux armées, et il les brûla en effet en une nuit. Elles étaient fortes de quatre-vingt-treize mille hommes.

Après l'incendie des deux camps, Scipion reprit le siège d'Utique. Ses machines menaçaient déjà les murailles, lorsqu'il apprit que la guerre recommençait [2]. Il laissa donc quelques troupes de terre et de mer pour soutenir l'apparence d'un siège, et avec l'élite de ses soldats il marcha droit à l'ennemi ; il le rencontra dans les *Grandes Plaines* et le défit complètement.

Cette fois Scipion ne laissa pas à Hasdrubal et à Syphax le temps de réparer leurs pertes. Le jour même de la bataille, il entra à Tunis, une des villes les plus importantes de l'Afrique septentrionale, que la nature et l'art avaient de concert rendue imprenable et d'où l'on pouvait infester Carthage, distante seulement de quatre ou cinq lieues et de là visible à l'œil nu [3].

Pendant qu'il tenait en respect Hasdrubal dans sa capitale et qu'avec le gros de l'armée il réduisait les villes voisines, les unes par la crainte, les autres par la

1. Polybe, liv. XIV, ch. 1er; Tite-Live, liv. XXX, ch. III et IV.
2. Tite-Live, liv. XXX, ch. VIII.
3. Polybe, liv. XIV, ch. 1er; Tite-Live, liv. XXX, ch. IX.

force, Lelius et Masinissa avec la cavalerie romaine et numide se lançaient à la poursuite de Syphax, fuyant vers Cirta. Après quinze jours de marche, ils arrivaient en Numidie, lui livraient bataille et le faisaient prisonnier [1].

Masinissa jouit du plaisir non seulement de rentrer dans ses anciens États, mais encore de prendre son ennemi et de lui enlever Sophonisbe. Cette femme perfide, autrefois sa fiancée, avant d'être la femme de Syphax, lui avait envoyé quelqu'un en secret pour se faire pardonner un mariage involontaire. Le jeune Numide, avec la légèreté de son âge et de son pays, lui promit de tout oublier, et, le soir même, il l'épousa. Le malheureux Syphax, ne sachant comment se venger, fit entendre à Scipion que celle qui avait su l'enlever lui-même à l'alliance de Rome pourrait bien exercer le même empire sur Massanasès. Scipion goûta l'avis, et, au nom de Rome, réclama durement Sophonisbe comme partie du butin. Massanasès monte à cheval avec quelques Romains; sans descendre, il présente à Sophonisbe une coupe de poison : « Je reçois, dit-elle, le présent de noces ; » et elle boit sans émotion. Le barbare s'enfuit aussitôt à toute bride et va se présenter avec l'habit royal à Scipion, qui le comble d'éloges, de présents, et lui met sur la tête cette couronne qu'il a si chèrement achetée [2].

Privés du secours de Syphax, et voyant toutes les villes ouvrir leurs portes à Scipion, les Carthaginois se décidèrent à rappeler Annibal.

Jamais banni, partant pour l'exil, ne témoigna autant de douleur qu'Annibal, forcé d'évacuer une terre ennemie [3]. C'est en grinçant des dents, en frémissant de rage et les

1. Tite-Live, liv. XXX, ch. XI et XII.
2. Appien, *Guerre libyque*, ch. IV ; et Michelet, *Histoire romaine*.
3. Tite-Live, liv. XXX, ch. XX.

yeux pleins de larmes qu'il sortit de cette Italie qu'il avait désolée pendant quinze années. Après lui avoir dit un dernier adieu, il s'embarqua ; il était près de terre lorsqu'il fit signe à un de ses matelots de monter au haut du mât, afin de reconnaître la côte. Sur la réponse de cet homme que la proue était tournée vers un tombeau en ruines, comme pour échapper à un funeste présage, il commanda au pilote de passer outre et de cingler vers Leptis où il débarqua avec son armée [1].

Déjà Annibal était arrivé à Adrumète [2] ; il s'y arrêta quelques jours pour donner à ses soldats le temps de se remettre des fatigues de la navigation ; mais, pressé d'agir, il vint camper à Zama, à cinq journées de Carthage, du côté du couchant. Avant de combattre, il voulut tenter ce que pourraient l'adresse et la flatterie sur l'esprit de Scipion. Il lui demanda une entrevue, le loua beaucoup et finit par lui dire : « Nous vous cèderons la Sicile, la Sardaigne et l'Espagne ; la mer nous séparera ; que voulez-vous de plus ? » Mais il était trop tard pour faire des propositions.

Il fallut combattre.

Jamais, en aucun temps ni en aucun lieu, chefs plus habiles n'en étaient venus aux mains : tout ce qu'on savait alors de stratégie, de tactique, de secret de vaincre par la force ou la perfidie, ils le savaient [3].

D'un autre côté, jamais armées plus belliqueuses ne s'étaient rencontrées. L'armée carthaginoise se composait de tous les barbares, Liguriens, Gaulois, Baléares, Africains et Espagnols qui avaient fait la campagne d'Italie ;

1. Tite-Live, liv. XXX, ch. xxv.
2. Tite-Live, liv. XXX, ch. xxix.
3. Polybe, liv. XV, ch. 1er; Appien, *Guerre libyque*, ch. v.

dans le nombre se trouvaient même plusieurs des soldats d'Hamilcar, nés avec Annibal, et ses compagnons au passage du Rhône et des Alpes. Avec de telles troupes on pouvait espérer bien de la victoire.

Mais l'armée romaine ne le cédait en rien à sa rivale ; elle comptait aussi dans ses rangs bon nombre de vieux soldats, vétérans d'Espagne ou d'Afrique, et surtout elle avait, pour la commander, Scipion, au moins l'égal d'Annibal, et de plus Lelius et Masinissa, des chefs de cavalerie sans égaux.

On allait savoir, avant la nuit du lendemain, qui donnerait des lois à l'univers, de Rome ou de Carthage [1]. Non seulement l'Italie et l'Afrique, mais encore l'Espagne, la Sicile et la Sardaigne étaient en suspens et attendaient avec inquiétude l'issue de cette grande lutte [2].

Annibal fut vaincu, et ce sont les Numides de Rome qui lui portèrent le coup de grâce. Ainsi, par le plus étonnant des contrastes, cette même cavalerie qui lui avait tant de fois donné la victoire en Italie décida sa défaite à Zama (202).

Échappé au milieu du tumulte avec un petit nombre de cavaliers, le Carthaginois gagna la ville d'Adrumète [3], après avoir tenté avant l'action, dans la mêlée et jusqu'au dernier moment, toutes les ressources de l'art militaire et mérité, de l'aveu de Scipion et des plus habiles stratégistes, la gloire d'avoir fait une ordonnance de bataille digne d'un capitaine consommé.

Après Zama, le conseil de Scipion demandait la ruine de Carthage ; mais quand on réfléchit à la grandeur de

1. Tite-Live, liv. XXX, ch. xxxii.
2. Polybe, liv. XV, ch. 1er.
3. Tite-Live, liv. XXX, ch. xxxv, Appien, *Guerre libyque* ; ch. v.

l'entreprise, à la longueur du siège d'une place si forte par sa situation naturelle et par les ouvrages de l'art; quand Scipion lui-même songea qu'un successeur allait peut-être lui enlever la gloire, achetée par tant de travaux et de périls, d'avoir terminé la guerre, tous les esprits alors inclinèrent pour la paix [1].

C'est à Tunis, où il était allé camper après Zama, que

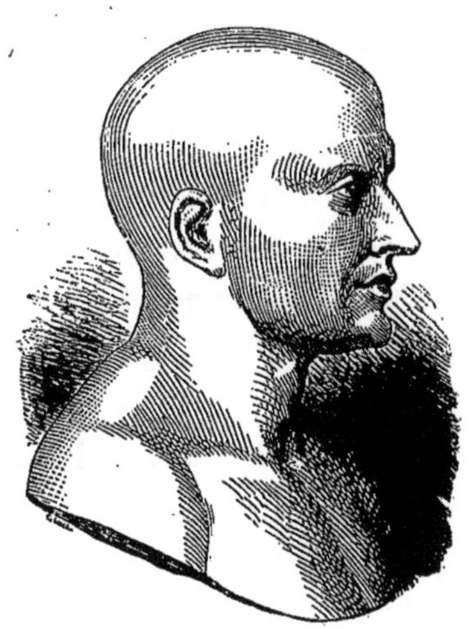

Scipion l'Africain.

l'heureux vainqueur la dicta aux vaincus. Après quoi, il revint à Rome où l'enthousiasme populaire lui décerna le surnom d'*Africain*.

La première guerre punique avait coûté aux Carthaginois la Sicile, ils avaient perdu plus tard la Corse et la Sardaigne; la seconde guerre punique leur enleva presque toute l'Espagne [2]. En outre, on leur imposa les conditions suivantes :

1. Tite-Live, Liv. XXX, ch. XXXVI.
2. Appien, *Guerre libyque*, ch. Ier.

« Les Carthaginois remettront aux Romains tous les prisonniers ; ils leur abandonneront tous les éléphants et tous les vaisseaux, à l'exception de dix. Ils ne feront aucune guerre sans l'autorisation du peuple romain. Ils rendront à Massanasès les maisons, terres, villes et autres biens qui lui ont appartenu à lui ou à ses ancêtres, dans l'étendue du territoire qu'on leur désignera. Ils payeront en cinquante ans dix mille talents euboïques... » Ainsi, sans compter l'Espagne, on leur enlevait leur marine, cinq cents galères qui furent brûlées en pleine mer, à la vue des citoyens consternés, « et l'on plaçait à leur porte, ajoute Michelet, l'inquiet et ardent Massanasès, qui devait s'étendre sans cesse à leurs dépens et les insulter à plaisir, tandis que Rome, tenant Carthage à la chaîne, l'empêcherait toujours de s'élancer sur lui. »

En effet, pendant l'intervalle de la seconde à la troisième guerre punique (202-149), le féroce Masinissa ne laissa pas aux Carthaginois un seul intant de repos. Ce barbare vécut trop longtemps, près d'un siècle (238-148 avant J.-C.), pour leur désespoir et leur malheur. A l'âge de quatre-vingts et quatre-vingt-dix ans, il se tenait encore nuit et jour à cheval, acharné à la ruine de ses voisins désarmés[1]. Ce qui donna lieu aux premières contestations entre les Carthaginois et les Numides, ce fut un territoire situé vers les bords de la mer, près de la petite Syrte, désigné sous le nom d'*Emporium :* si riche et si fertile, que la seule ville de Leptis payait chaque jour aux Carthaginois le tribut d'un talent, c'est-à-dire mille écus. Masinissa s'en empara. S'il s'en était tenu là, passe encore ! mais non. En 199, il prend une province, une autre en 193, une troisième en 182. *Les Carthaginois,* répétait-il

1. Appien, *Guerre libyque,* ch. VII.

sans cesse, *ne sont en Afrique que des étrangers; ils ont ravi à nos pères le territoire qu'ils possèdent. Il faut leur faire rendre gorge*. Et il les démembrait. Les Carthaginois, liés par l'article du dernier traité qui leur défendait de faire la guerre aux alliés du peuple romain, n'eurent d'autre ressource que de porter plainte devant le sénat. Celui-ci leur envoie, dès la première usurpation, Scipion l'Africain, qui voit l'injustice et ne veut point l'arrêter. En 181, Rome garantit le territoire carthaginois ; et, quelques années après, elle laisse le Numide s'emparer encore d'une province et de soixante-dix places ou forteresses. Carthage se plaint encore. Les Romains, comme toujours, affectent une généreuse indignation contre Masinissa. Caton est envoyé en Afrique, mais il se montre si partial, que les Carthaginois refusent d'accepter son arbitrage. Cet homme dur et vindicatif ne leur pardonna point. De retour à Rome, dans son rapport au sénat, il représenta qu'il avait trouvé « la contrée et les terres d'icelle moult bien cultivées et labourées et ayant monstre de rapporter grande abondance de biens », et la cité elle-même [1], non dans l'état où les Romains la croyaient, épuisée, affaiblie et humiliée, mais, au contraire, refaite, riche, même opulente, peuplée et fière, aussi puissante et aussi redoutable que jamais. Et craignant que l'effet produit par son discours ne fût pas assez grand, pour le rendre irrésistible, il laissa tomber de sa robe des figues de Libye. Comme chacun en admirait la fraîcheur et la beauté : « Eh bien, dit-il, il n'y a que trois jours qu'elles ont été cueillies en Afrique, tant l'ennemi est près de nous ! Il faut détruire Carthage. » La Trébie, Trasimène, Cannes, immortalisées par la ruine du nom romain, le camp punique à trois

1. Appien, *Guerre libyque*, ch. VII.

milles de Rome, Annibal à cheval à la porte Colline avaient moins ému les Romains que les figues de Caton. C'est à ces figues que Carthage dut sa ruine [1]. Malgré les éloquentes protestations de Scipion Nasica, le sénat décréta la troisième guerre punique [2]. Mais Caton mourut l'année suivante, avant la destruction de Carthage, son bonheur suprême, si le ciel lui eût permis d'en être témoin.

Cependant la délibération fut tenue secrète. On attendait une occasion, elle ne tarda pas à se présenter.

L'un des fils de Masinissa ayant été maltraité à Carthage, le Numide, pour venger l'affront fait à Gulussa, attaque les Carthaginois qui perdent enfin patience et ripostent. Mais il les enveloppe, les affame et leur détruit près de soixante mille hommes, sous les yeux du jeune Scipion, le futur destructeur de Carthage, qui se trouvait là soi-disant pour acheter des éléphants et qui d'une hauteur voisine jouissait de la bataille, *comme Jupiter du haut de l'Ida* [3].

Carthage venait de violer l'article du traité qui lui défendait de prendre les armes. Rome résolut de l'en punir. Les Carthaginois épouvantés demandent en vain quelle satisfaction on exige d'eux. Vous devez le savoir, répondit le sénat, sans autre explication.

Pendant qu'on délibérait sur cette affaire, arrivèrent des députés d'Utique ; ils venaient se mettre, eux, leurs biens, leurs terres et leur ville entre les mains des Romains. Une première fois déjà, pendant la guerre des mercenaires, les Uticiens avaient fait une démarche semblable, qui n'avait pas abouti [4]. Cette fois on les reçoit à

1. Pline, liv. XV, ch. XX.
2. Appien, *Guerre libyque*, ch. VII.
3. Appien, *id.*
4. Polybe, liv. Ier, ch. XVIII ; *Ambassades*, CXLII.

bras ouverts. Se voyant maîtres d'une si forte place, les Romains pour lors n'hésitent plus, et la guerre est déclarée dans les formes. La déclaration de guerre part pour Utique avec la flotte et quatre-vingt mille hommes, deux consuls à leur tête. Point de paix, si les Carthaginois ne livrent trois cents otages; à ce prix, ils pourront conserver leurs biens, leurs lois et leur cité. Les otages livrés, on demande leurs armes; ils apportent deux mille machines et deux cent mille armures complètes. Alors le consul leur annonce l'arrêt du Sénat. *Ils iront habiter à plus de trois lieues de la mer, et leur ville sera rasée.* Le sénat a promis de respecter la cité, *civitas,* c'est-à-dire les citoyens, mais non pas la ville [1], *urbs,* c'est-à-dire les murs.

Cette infâme équivoque soulève la colère et l'indignation des Carthaginois. Les éloigner de la mer, c'était leur ôter le commerce et la vie même. Ils appellent les esclaves à la liberté. Ils fabriquent des armes avec tous les métaux : cent quarante boucliers par jour, trois cents épées, cinq cents piques ou javelots et mille traits. Les femmes elles-mêmes coupent leurs cheveux pour faire des cordages aux machines de guerre.

Le troisième duel, de beaucoup plus court que les deux premiers, puisqu'il ne dura guère que trois ans (149-146), ne fut ni moins terrible ni moins acharné. Au contraire : ce fut une lutte désespérée entre Rome à l'apogée de sa grandeur et Carthage à son déclin, mais encore redoutable et puissante, car elle ne comptait pas moins de trois cents villes en Libye et de sept cent mille habitants dans ses murs seulement [2]. Quoique désarmée,

1. Appien, *Guerre libyque,* ch. VIII.
2. Strabon, liv. XVII, ch. III, § 15.

elle ne tarda pas d'ailleurs à donner des preuves de sa vitalité.

Les consuls furent repoussés dans deux assauts successifs, leur flotte brûlée, et les dieux se mettant de la partie, leur camp désolé par la peste. Les Carthaginois se jetaient à la nage jusqu'aux vaisseaux, jusqu'aux machines pour les incendier. Près de la ville s'était formée une nouvelle Carthage, où les Africains affluaient chaque jour. L'armée romaine courut trois fois risque d'être exterminée. Et elle l'aurait été sans le jeune Scipion Émilien.

Le fils de Paul Émile, petit-fils adoptif du premier Africain et qui portera lui-même plus tard le même surnom glorieux, servait alors dans l'armée romaine et se distinguait parmi tous les officiers autant par sa prudence que par sa bravoure. Un célèbre Phaméas, chef de la cavalerie ennemie, qui harcelait sans cesse et incommodait beaucoup les fourrageurs, n'osait paraître en campagne, quand le tour de Scipion était venu de les soutenir[1], tant celui-ci savait se poster avantageusement et maintenir ses troupes. Simple tribun, il les avait déjà tirées de plusieurs mauvais pas ; consul, non seulement il les sauva encore, mais il parvint à isoler Carthage du continent par une muraille, de la mer par une digue gigantesque, et à forcer l'entrée même de la capitale. Il s'en rendit maître après un horrible carnage. Les rues étaient jonchées de cadavres ; les soldats n'avançaient qu'en déblayant le chemin avec des fourches, et jetant pêle-mêle dans les fossés les morts et les mourants. Ce combat dura de maison en maison, pendant six jours et six nuits. Cinquante mille habitants tant hommes que

1. Appien, *Guerre libyque*, ch. x et xi.

femmes et enfants, enfermés dans la citadelle demandèrent et obtinrent la vie[1]. Seuls, neuf cents transfuges romains occupaient encore le temple d'Esculape ; ils étaient résolus, plutôt que de se rendre, à mourir tous jusqu'au dernier; mais quand ils virent prosterné aux pieds de Scipion et demandant grâce le lâche Asdrubal, leur chef, ils mirent le feu à l'édifice. C'est à ce moment que la femme du général carthaginois, qui était restée avec les

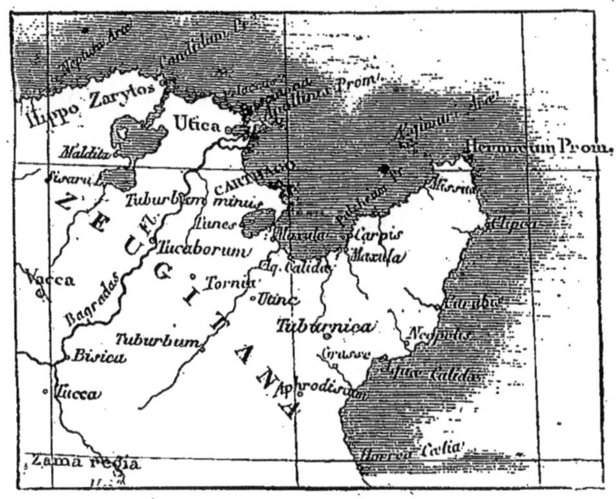

Environs de Carthage.

derniers défenseurs, monta au sommet du temple, parée de ses habits de fête, et, après avoir lancé les plus horribles imprécations contre son époux, poignarda ses enfants, et se précipita avec eux au milieu des flammes[2].

On dit qu'à la vue de cette épouvantable ruine, Scipion

1. Appien, *Guerre libyque*, ch. x et xi.
2. Id., *ibid.*, ch. xiv.

ne put s'empêcher de pleurer, non sur Carthage, mais sur Rome, et de répéter ce vers d'Homère :

Et Troie aussi verra sa fatale journée.

Ainsi s'écroula tout d'un coup au milieu d'un épouvantable cataclysme cette ville célèbre, après sept cents ans de prospérité ; elle avait égalé en puissance l'empire des Grecs, en richesse et en opulence celui des Perses, et pendant cent vingt ans disputé à Rome la suprématie universelle [1].

Le périple d'Hannon, quelques médailles, une vingtaine de vers dans Plaute, voilà tout ce qui reste d'elle.

La même année que Carthage, l'an 146, tombait aussi, sous les coups de Mummius, la belle Corinthe. Numance, *la seconde terreur* de Rome, suivit de près. Ce fut encore l'ami de Polybe qui abattit cette autre rivale (134). « Cet homme de manières élégantes et polies, ce Romain hellénisé, tacticien habile et général impitoyable, était alors par tout le monde l'exécuteur des vengeances du sénat [2]. »

La soumission de la Macédoine, la ruine de Corinthe, de Carthage et de Numance mettaient l'univers aux pieds de Rome.

La chute de la cité punique amena le démembrement de l'empire carthaginois : les Romains gardèrent pour eux la meilleure et la plus belle part, *la part du lion,* tout le territoire qui forma depuis la province d'*Afrique* [3]; le reste, ce qu'on appelle aujourd'hui le Djerid tunisien, qui avait été donné à Massanasès après la prise de Syphax, passa à ses descendants de la branche de Micipsa [4].

1. Appien, *Guerre libyque,* ch. XIV.
2. Michelet, *Hist. rom.*
3. La province d'*Afrique* comprenait la *Zeugitane* au N.-E., la *Byzacène* au milieu, et la Tripolitaine au S.-E.
4. Strabon, liv. XVII, ch. III, § 15.

CONQUÊTE ROMAINE

Le vieux Masinissa était mort trois ans avant la ruine de Carthage, à l'âge de près de quatre-vingt-onze ans. Sur le point de mourir, il avait prié Scipion de venir le voir, ajoutant qu'il serait heureux d'expirer entre ses bras, après l'avoir rendu dépositaire de ses dernières volontés. Le jeune Romain était accouru à la prière du Numide, mais il l'avait trouvé mort, en arrivant.

Massanasès avait éprouvé, pendant sa jeunesse, des malheurs inouïs; mais depuis la chute de Syphax, sa vie n'avait été qu'une suite continuelle de prospérités. Non seulement il avait recouvré son royaume, mais il y avait ajouté celui de son ennemi; et maître de tout le pays depuis la Mauritanie jusqu'à Cyrène, il se trouvait le prince le plus puissant de l'Afrique. Il conserva jusqu'à la fin de ses jours une santé très robuste, qu'il dut sans doute à l'extrême sobriété dont il usa toujours pour le boire et le manger, et au soin qu'il eut de s'endurcir sans relâche au travail et à la fatigue. A l'âge de quatre-vingt-dix ans, il faisait encore tous les exercices d'un jeune homme et se tenait à cheval sans selle; Polybe fait même remarquer que, le lendemain d'une grande victoire sur les Carthaginois, on l'avait vu devant sa tente, faisant son repas d'un morceau de pain bis. Les Romains avaient toujours eu pour lui une estime particulière en raison de ses vertus et de son loyal attachement à leur cause[1].

C'est ce prince qui, le premier, civilisa les Numides et les façonna à la vie agricole, en même temps qu'il les déshabituait du brigandage pour leur apprendre le métier de soldat. Jusque-là ces sauvages avaient offert le spectacle étrange d'un peuple en possession de terres éminemment fertiles, mais aimant mieux les abandonner aux reptiles et aux bêtes féroces pour mener une vie errante et nomade, ni plus ni moins que les peuples qui y sont condamnés par la misère, l'aridité du sol et la rigueur du climat. C'est même ce qui a fait donner aux Massyliens la dénomination particulière de Numides. Dans ce temps-là naturellement, leur vie était des plus simples; ils mangeaient plus souvent des racines que de la viande, se nourrissant, en outre, de lait et de fromage.

Massanasès en mourant avait laissé cinquante-quatre fils, dont trois seulement issus d'un mariage légitime, savoir : Micipsa, Gulussa et Mastanabal. C'est entre ces trois derniers que Scipion avait partagé le royaume, se contentant de donner aux autres des revenus considérables. Mais bientôt Micipsa, par la mort de ses deux frères, était resté seul maître de si vastes États. Tant qu'il régna, les Romains ne prirent pas ombrage du royaume des Numides. Seulement, avant sa mort, ce

1. Strabon, liv. XVII, ch. III, § 15. V. aussi Appien, *Guerre libyque*, ch. II.

prince avait été obligé d'appeler à la succession, avec ses deux fils, son neveu, l'intrépide et féroce Jugurtha, un vrai Numide. C'était, comme son aïeul Masinissa, le meilleur cavalier de l'Afrique, le plus ardent chasseur, toujours le premier à frapper le lion. Il s'était particulièrement distingué, sous Scipion, au siège de Numance et la voix unanime de ses compatriotes le désignait au trône. Jugurtha, regardant, non sans raison, le partage de la Numidie comme son asservissement aux volontés de Rome, met tout en œuvre pour l'empêcher. D'abord, il fait assassiner Hiempsal, le plus jeune de ses rivaux; puis il tourne ses armes contre Adherbal, le survivant des deux frères, l'assiège dans Cirta, le fait prisonnier et l'expédie de même, renversant ainsi le dernier obstacle à l'unité de la Numidie.

Cependant Memmius éclate à Rome contre la vénalité des grands, qui ont donné à Jugurtha le temps d'unir sous son sceptre le plus redoutable des peuples par son génie belliqueux. Le consul Calpurnius Pison passe en Afrique avec une armée. Il s'abouche avec Jugurtha et se laisse corrompre. Clameur du peuple romain. Jugurtha reçoit l'ordre de venir rendre compte de sa conduite. Il obéit, sûr de s'en tirer, comme toujours, avec de l'or. Audacieux voyage, dans lequel il brave même ses juges, en faisant égorger au milieu de la ville son compétiteur et son parent Massiva. Après un crime aussi flagrant, il reprend, impuni, le chemin de l'Afrique, se retournant seulement pour lancer à Rome cette insolente apostrophe : « O ville vénale ! il ne te manque qu'un acheteur. » La guerre recommence donc de nouveau. Albinus, qu'on envoie d'abord, ne fait rien contre Jugurtha ; l'incapable Aulus, son frère, se laisse prendre et passe avec ses soldats sous le joug. Pour venger cette honte, le sénat met à la tête des troupes un de ses membres les plus influents, Cécilius Métellus (109).

A toutes les autres vertus d'un excellent général, Métellus joignait un parfait désintéressement, qualité absolument indispensable contre un ennemi qui jusque-là, pour vaincre, avait moins manié l'épée que l'argent. Jugurtha trouva Métellus incorruptible. Il fallut donc recourir à d'autres moyens, payer de sa personne et de son courage, mettre à profit la solitude du désert et la mobilité du Numide que l'on ne pouvait joindre que où et quand il lui plaisait. Aussi fit-il des efforts extraordinaires; et tout ce qu'on peut attendre de la bravoure, de l'habileté, de l'attention d'un grand capitaine, à qui le désespoir fournit de nouvelles forces, il l'employa dans cette campagne. « Les Romains ayant pris Vacca, Jugurtha apparut tout à coup dans une position avantageuse, et fut au moment de vaincre, avec ses troupes légères, la tactique romaine et la force des légions. Partout il suivit Métellus, troublant les sources, détruisant les pâturages, enlevant les fourrageurs. Il osa même attaquer deux fois le camp romain devant Sicca, fit lever le siège, et força ainsi Métellus d'aller prendre ses quartiers d'hiver hors de la Numidie. [1] »

Plus encore que l'ennemi, le cauchemar de la trahison hantait le cerveau de Jugurtha. Après la tentative de Bomilcar, son ami, qui avait voulu le tuer, il n'eut plus de repos : le jour, la nuit, l'étranger, l'indigène, tout lui était suspect, le faisait trembler; il ne dormait qu'à la dérobée et jamais dans le même lit; quelquefois, s'éveillant en sursaut, il prenait les armes et jetait de grands cris.

1. Michelet, *Hist. rom.*

Ces terreurs le décidèrent à traiter. Il se soumit à tout. Il livra deux cent mille livres pesant d'argent, ses éléphants, ses armes et ses chevaux. Mais alors il apprit qu'il devait venir se mettre lui-même entre les mains de Métellus. Que risquait-il de plus en continuant la guerre? Il la continua, mais il eût dû se souvenir plus tôt que les Romains avaient usé envers les Carthaginois de la même perfidie.

Dès ce moment, Métellus fit une guerre d'extermination, égorgeant dans chaque ville tous les mâles en âge de puberté. C'est ainsi qu'il traita Vacca aux confins de la Numidie et de la Zeugitane, coupable d'avoir égorgé une garnison romaine, et Thala, dépôt des trésors de Jugurtha

Bocchus.

Sylla à cheval.

qui l'avait crue protégée par les solitudes environnantes. L'indomptable roi de Numidie était sorti de son royaume pour le mieux défendre. Retiré à l'entrée du grand désert, il disciplinait les Gétules, et entraînait contre Rome son beau-père Bocchus, roi de Mauritanie, qui fut vaincu avec lui près de Cirta[1].

Métellus vit avec douleur son lieutenant Marius lui enlever la gloire de terminer cette guerre. L'honneur du triomphe et le surnom de *Numidicus* ne purent le consoler.

1. Salluste, *Jug.*, ch. LIV. — Michelet, *Hist. rom.*

Marius avait promis au peuple de prendre ou de tuer Jugurtha de sa main. Avec un tel chef, la guerre fut poussée à outrance. Il prit Capsa au milieu des sables les plus arides. Il força le pic presque inaccessible où le roi des Numides avait déposé ce qu'il avait pu sauver de ses trésors. Il battit deux fois Jugurtha et Bocchus. Ce dernier ne voulut pas se perdre avec son gendre. Il le livra. Ce fut le jeune Sylla, questeur de Marius, qui, pour sa première campagne, eut la gloire de recevoir du roi de Mauritanie un captif si important[1]. Marius ne lui pardonna jamais d'avoir fait représenter sur son anneau l'extradition du roi des Numides. Jugurtha, le héros de cette guerre, fut traîné derrière le char de Marius, au milieu des huées d'une lâche populace. On dit que dans la marche du triomphe il perdit la raison. Jeté dans un cachot humide, il plaisantait en y entrant : « Par Hercule, disait-il, que les étuves sont froides à Rome ! » Il lutta six jours entiers contre la faim (106).

Après la mort de Jugurtha, la province romaine d'Afrique s'agrandit d'une partie de la Numidie orientale, le reste, le pays de Cirta (Constantine), fut partagé entre Bocchus et deux petits-fils naturels de Masinissa.

Au dire de Plutarque, c'est pendant l'expédition de Marius en Afrique, qu'un de ses capitaines, Sertorius, aurait découvert le corps du Libyen Antée, et que, seul des hommes, il aurait vu les os du géant, long de soixante coudées.

Il était écrit que la Libye ne serait pas encore tranquille. Après les guerres de Jugurtha, elle devint le champ de bataille de César et des Pompéiens.

Les Pompéiens s'étaient réunis en Afrique sous Scipion,

1. Michelet, *Hist. rom.*

beau-père de Pompée ; ils avaient intéressé à leur cause le Mauritanien Juba, petit-fils de Gulussa et arrière-petit-fils de Massanasès, en lui promettant *toute l'Afrique*[1]. Cette alliance leur donna la cavalerie numide et avec elle les moyens d'affamer l'armée de César. Quand le vainqueur de Pharsale passa en Afrique, il y trouva tout le pays contre lui. Comme en Grèce il lui fallait une bataille, ou il mourait de faim. Ses affaires allaient mal, lorsque Scipion le sauva en lui offrant le combat. César fut vainqueur à Thapsus (46 avant J.-C.) : par une marche rapide, il attaqua séparément les trois camps des Pompéiens, et détruisit cinquante mille hommes sans perdre

Médaille de Juba Ier, roi de Numidie.

cinquante des siens. Juba se donna la mort de désespoir après la défaite.

L'exemple fut contagieux. Par un scrupule absurde, s'imaginant sans doute que les Scipions devaient toujours vaincre en Afrique, Caton s'était obstiné à céder le commandement au beau-père de Pompée. Quant à lui, il était resté à Utique, pour contenir cette ville ennemie des Pompéiens. Après Thapsus, voyant qu'il n'y avait pas moyen de résister, il résolut de se donner la mort.

1. Les Romains appelaient *Afrique* les pays compris entre la grande Syrte et l'Atlantique. V. la note de la page 125.

S'étant donc retiré dans sa chambre, il se mit à lire dans son lit le dialogue de Platon sur l'immortalité de l'âme. Il le relut deux fois, et s'endormit, si bien que de la chambre voisine on l'entendait ronfler. Vers minuit, s'étant réveillé, il envoya à la mer pour s'assurer du départ de ses amis, et soupira profondément en apprenant que la mer était orageuse. « Comme les oiseaux

Mort de Caton d'Utique.

commençaient à chanter [1], » dit Plutarque, il se rendormit de nouveau. Mais, au bout de quelque temps, s'étant levé, il se perça de son épée. Les siens accoururent au bruit de sa chute, et virent avec horreur ses entrailles hors de son corps. Il vivait pourtant et les regardait fixement. On lui banda la plaie ; mais dès qu'il revint à lui-même, il arracha l'appareil et expira sur-le-champ.

La guerre était finie en Afrique et César revint à Rome où il triompha. Ce fut un spectacle merveilleux et ter-

1. Plutarque, *in Catone.*

rible à la fois que son triomphe. Derrière le char marchaient en même temps le Vercingétorix gaulois, la sœur de Cléopâtre et le fils du roi Juba, un enfant, qui fut élevé à Rome et plus tard rétabli par Auguste sur le trône de son père.

Après la destruction de Carthage, c'est Utique, la seconde ville de la Libye par son étendue comme par son importance, désormais célèbre par la mort de Caton[1], qui devint la capitale de l'*Afrique propre* et le centre de

Jules César.

toutes les opérations romaines[2]. Elle était située dans le golfe de Carthage, *près de l'un des deux caps qui le forment : celui-ci est le cap Apollonium*[3], l'autre le cap Hermæas[4]. Les deux villes étaient en vue l'une de l'autre. Non loin d'Utique coulait le fleuve Bagradas.

La plupart des géographes, s'appuyant, nous ignorons

1. Fato Catonis insignis (Pomponius Mela, I, VII).
2. Strabon, liv. XVII, ch. III, § 13.
3. Capo Farina. V. Tite-Live, liv. XXX, ch. XXV.
4. Cap Bon. V. Polybe, liv. Ier, ch. VI, VIII ; Tite-Live, liv. XVIII, ch. XXXV.

sur quelle autorité, ont identifié Utique avec la ville actuelle de Bou Chateur. Mais Bou Chateur est une ville continentale, tandis qu'Utique était une ville maritime. Le doute là-dessus n'est pas permis. Toutefois, cela ne ressort pas clairement du passage de Strabon cité plus haut, pas plus que du passage suivant de Polybe : « Utique est située *du côté de Carthage qui regarde la mer* et Tunis du côté qui regarde le lac[1]. »

Nous ne savons donc pas encore si Utique est une ville maritime, mais Polybe lui-même nous l'apprend dans son livre XIV, ch. Ier : « Scipion, après avoir construit une flotte, fit mettre les vaisseaux à la mer et dresser dessus des machines comme pour assiéger Utique *par mer;* » et un peu plus loin, dans le même chapitre : « Il donna ordre aux troupes qui assiégeaient Utique par terre et *par mer...;* » et ailleurs dans les *Ambassades,* CXLII : « Les armées consulaires *abordèrent* à Utique. » Cette fois c'est clair. Dans le livre XV, ch. Ier, Polybe va même jusqu'à nous indiquer d'une façon à peu près précise la position de cette ville. En effet, en parlant de l'ambassade envoyée par Scipion à Carthage pour réclamer les vaisseaux romains échoués sur les côtes d'Afrique, à Égimure et aux Sources chaudes, et capturés par Asdrubal, en pleine trêve, il dit textuellement : « Les galères carthaginoises, chargées d'escorter les ambassadeurs, avaient ordre de les laisser et de revenir à Carthage, aussitôt qu'elles auraient passé *l'embouchure de la Macre,* d'où l'on pouvait voir, sur une hauteur qui commandait la ville, le camp romain d'Utique. »

D'après de Folard, le savant commentateur de Polybe, la Macre, ainsi désignée sans doute par les indigènes,

1. Polybe, liv. Ier, ch. XVI.

n'est autre que le Bagradas de l'antiquité, « *qui se jette,* dit-il, *dans la mer entre Carthage et Utique*[1]. » Il suit de là qu'Utique se trouvait au delà du Bagradas.

Voilà donc trois points incontestablement acquis :

Qu'Utique ne s'élevait pas sur l'emplacement de la Bou Chateur moderne ;

Que c'était une ville maritime ;

Enfin qu'elle était placée au delà de l'embouchure du Bagradas.

Il s'agit maintenant de déterminer le point précis de la côte où elle était bâtie.

Le passage déjà cité de Strabon répond à cette question. Rappelons-le : « Elle était située dans le golfe de Carthage, *près de l'un des deux caps qui le forment,* » c'est-à-dire près du cap Apollonium, aujourd'hui capo Farina.

C'est donc dans le voisinage immédiat de la ville actuelle de Porto Farina et non sur l'emplacement de Bou Chateur que se trouvait Utique[2].

Le témoignage de Polybe, le plus grave peut-être des historiens anciens, suffirait à lui seul pour trancher la question qui nous occupe. En effet, Polybe est d'autant plus digne de foi qu'il connaît la ville et le pays dont il parle. Ami du second Africain, son frère d'armes dans la troisième guerre punique, il assistait avec lui au siège et à la prise de Carthage.

Mais indépendamment du témoignage de Polybe et de Strabon, nous avons celui de Tite-Live et d'Appien.

Tite-Live est peut-être plus explicite. Nous lisons, en effet, liv. XXIX, ch. XXXV :

1. Polybe, liv. Ier, ch. XVI, t. II, p. 299 ; traduction de Dom Vincent Thuillier, bénédictin de la congrégation de Saint-Maur ; Paris, 1728.

2. L'emplacement d'Utique est mal indiqué sur la carte de la page 52.

« Scipion tourne tous ses efforts contre Utique. Une double attaque est dirigée contre elle *par l'armée navale, du côté où la ville est baignée par les flots de la mer* et par l'armée de terre à la faveur d'une éminence qui dominait les remparts. »

Au livre suivant, nous trouvons, ch. IV :

« Au commencement du printemps, Scipion remit ses vaisseaux à flot, embarqua ses machines de siège, comme s'il allait donner l'assaut à Utique, *du côté de la mer.* »

Ch. VIII :

« Scipion s'occupait toujours du siège d'Utique; ses machines ménaçaient déjà les murailles, lorsqu'il en fut détourné par la nouvelle que la guerre[1] recommençait. Il laissa donc quelques troupes pour soutenir l'apparence *d'un siège sur terre et sur mer,* et avec l'élite de ses guerriers, il marcha en personne à l'ennemi. »

Ch. X :

« *La flotte romaine fut en partie détruite devant Utique.* »

Enfin, ch. XXV, dans l'affaire de l'ambassade :

« Les ambassadeurs romains furent escortés par deux trirèmes, qui, parvenues au fleuve Bagradas, d'où l'on apercevait le camp de Scipion revinrent à Carthage. La flotte carthaginoise *était mouillée devant Utique;* trois quadrirèmes s'en détachèrent, ou d'après un ordre secret envoyé de Carthage ou par une perfidie d'Asdrubal dont l'autorité publique n'était point complice, et vinrent attaquer à l'improviste la quinquerème romaine qui *doublait le promontoire d'Apollon;* mais elle échappait par sa vitesse aux éperons des galères ennemies, et sa hauteur la garantissait de l'abordage. D'ailleurs elle se défendit avec vaillance, tant qu'elle eut des traits à lancer; lorsque

1. Il l'avait crue terminée après l'incendie des deux camps.

cette ressource manqua à l'équipage et qu'il ne vit de salut que dans la proximité de la terre et dans la multitude qui accourait du camp, il fit force de rames, vint heurter contre la côte avec impétuosité et sans autre perte que celle du navire gagna promptement le rivage. »

Il ressort de ce passage qu'Utique était bâtie de ce côté et presque à l'extrémité méridionale du promontoire d'Apollon, puisque la flotte carthaginoise en rade

Ruines d'Utique.

devant ce port est obligée de doubler le cap pour joindre la quinquerème romaine qui gagnait le camp de Scipion, placé de l'autre côté.

Appien va résumer en quelques mots, d'une façon nette et précise, tout ce que nous venons d'établir :

« Utique[1], dit-il, la seconde ville d'Afrique, fort riche et fort opulente, n'était distante de Carthage que de soixante stades (deux ou trois lieues) ; elle avait un beau port à la fois spacieux et commode, où les navires trou-

1. *Guerre libyque*, ch. x.

vaient un abri sûr, et une place d'armes capable de recevoir une armée considérable. »

Du temps de Carthage, Utique était son ennemie secrète, et bien des fois elle avait essayé de secouer son joug tyrannique. Si, lors de l'invasion d'Agathocle, elle resta fidèle aux Carthaginois, il ne faut pas lui en savoir gré : elle ne crut pas au succès définitif du tyran de Syracuse. Tout ce qu'on peut dire à son honneur, c'est qu'en cette occasion, sans être plus fidèle qu'une autre,

Ruines d'Utique.

elle fut plus sage. Au moment de la descente de Regulus, ce n'est pas non plus son attachement, mais la prudence qui la retint du côté des Carthaginois; elle n'eut pas à s'en repentir, car la diversion de Regulus finit comme celle d'Agathocle, après avoir commencé de même. Pendant la guerre des mercenaires, à la vue de toute l'Afrique en armes, elle suivit le mouvement général d'insurrection, croyant que, cette fois, c'en était fait de Carthage; mais elle se trompa dans ses prévisions, et, les mercenaires vaincus, elle dut se rendre à merci. Aussi, fut-elle plus réservée sous la seconde guerre punique; elle résista à tous les efforts du premier Africain, qui voulait s'en emparer, pour en faire, s'il l'avait prise, le centre de ses opérations [1]. Mais, comme si elle eût regretté ces quelques années de fidélité, dès le commencement de la troisième guerre punique, elle se livra aux Romains qui, pour prix de sa défection, lui donnèrent tout le pays entre Carthage et Hippo-Zarytos [2].

Ruines d'Utique.

Cependant Carthage, dont on avait dispersé les cendres aux quatre vents, allait renaître, et, après avoir été pendant près de sept cents ans le siège principal de la puissance carthaginoise, devenir celui de la puissance romaine en Afrique.

Le premier soin du sénat avait été de faire démolir tout ce qui restait de la ville punique. Rome, maîtresse

1. Tite-Live, XXIX, ch. xxxv.
2. Appien, *Guerre libyque*, ch. xiv.

de l'univers, n'avait pas cru pouvoir être en sûreté, tant que subsisterait le nom de son ancienne rivale [1].

Au nom du peuple romain défense avait été faite d'y habiter à l'avenir, avec d'horribles imprécations contre ceux qui, au mépris de cet interdit, entreprendraient d'y rebâtir quelque chose et principalement Byrsa. Toutefois, on n'en avait défendu l'entrée à personne, Scipion n'étant pas fâché qu'on vît les tristes débris d'une ville qui avait osé disputer à Rome l'empire du monde [2].

Malgré l'anathème des pontifes romains, moins de trente ans après sa ruine et du vivant même de Scipion, l'un des Gracques, Caïus, pour faire sa cour au peuple, avait essayé de relever Carthage [3]. Il était passé en Afrique avec six mille citoyens et avait marqué l'emplacement de la colonie [4]. Déjà l'enceinte nouvelle était tracée, lorsque les loups vinrent pendant la nuit déplacer les bornes qui indiquaient les limites [5]; à la vue de ces présages sinistres, le sénat ne permit pas que le projet fût exécuté. Voilà ce que dit Appien, sur la foi de la tradition ; mais il est plus raisonnable d'attribuer la décision du sénat à la répulsion des Romains de fonder des colonies hors de l'Italie, ce qu'ils avaient toujours évité jusque-là, sachant bien que les colonies surpassent souvent les métropoles. Tyr est restée inférieure à Carthage, Phocée à Marseille, Corinthe à Syracuse, Milet à Cyzique [6].

1. Neque se Roma, jam terrarum orbe superato, securam speravit fore, si nomen usquam maneret Carthaginis. (Vell. Paterc., I, II.)

2. Appien, *Guerre libyque,* ch. XIV.
Ut ipse locus eorum qui cum hac urbe de imperio certarunt, vestigia calamitatis ostenderet. (Cic., *Agr.,* II.)

3. Vers l'an 121 avant J.-C.

4. Id.

5. Appien, *Guerre libyque,* ch. XIV.

6. Vell. Paterc., II, ch. XV.

Lors de l'entreprise de Caïus, on ne bâtit apparemment à la place où avait été Carthage que quelques misérables cabanes qui servirent de refuge à Marius, lorsqu'il s'enfuit en Afrique. C'est Velleius Paterculus [1], qui nous l'apprend dans ce beau passage :

« *Marius cursum in Africam direxit, inopemque vitam in tugurio ruinarum Carthaginensium toleravit ; cum Marius aspiciens Carthaginem, illa intuens Marium, alter alteri possent esse solatio.* »

Ruines d'Utique.

César avait entrepris à son tour de relever la vieille cité phénicienne. Dès la guerre d'Afrique, il avait vu en songe une grande armée qui pleurait et l'implorait [2]. Touché de ce songe, à son réveil, il avait écrit sur ses tablettes : *Corinthe et Carthage*, indiquant par là le projet qu'il avait formé à cette occasion de restaurer en même temps ces deux villes. A cette fin, l'an 44 avant J.-C., il avait fait partir de Rome une colonie composée de tous

1. Vell. Paterc., II, ch. XIV.
2. Appien, *Guerre libyque*, ch. XIV.

les citoyens romains qui s'étaient présentés et d'un certain nombre de vétérans [1]. Mais César avait succombé cette même année sous les coups des vengeurs de la liberté, et le rétablissement de Carthage avait encore une fois été retardé.

C'est Octave, le fils adoptif de César, qui devait, quinze ans plus tard, mener à bout l'entreprise. Ayant trouvé dans les papiers de son père adoptif le mémoire dont nous avons parlé, il résolut d'exécuter les dernières volontés du défunt : il fit donc reconstruire Carthage ; mais, pour ne pas encourir les exécrations qu'on avait fulminées contre quiconque tenterait de la ressusciter, il la rebâtit un peu à côté, sur un autre emplacement, et « non pas de la grandeur qu'elle avait été, mais plus petite [2]», dit Appien. La Carthage romaine fut repeuplée par les gens du pays ; Auguste n'y avait envoyé que trois mille ménages.

Chose digne de remarque, la même année qui avait vu renaître Carthage vit aussi renaître Corinthe, détruite en même temps. Ainsi, sur le désir de César et par les soins d'Auguste, se trouvait réparée la vieille injustice de Rome à l'égard de ces deux cités. La main qui les avait renversées venait de les relever.

La Carthage romaine ne tarda pas à prendre de l'importance. S'il faut en croire Strabon, elle s'accrut rapidement. « Aujourd'hui, dit ce géographe, il n'y a pas dans toute la Libye de ville plus peuplée [3]. »

Si l'on considère que Carthage avait été rebâtie vers l'an 29 avant J.-C., et que Strabon mourut dans les pre-

1. Strabon, XVII, ch. III, § 15.
2. Appien, *Guerre libyque*, ch. Ier et XIV.
3. Strabon, liv. XVII, ch. III, § 15.

mières années de Tibère, vers l'an 14 après J.-C., on voit que c'est dans l'espace de cinquante ans que s'était accompli ce prodigieux développement.

Voici le moment où Utique commence à s'éclipser; elle ira désormais s'amoindrissant de plus en plus, jusqu'au jour où l'Islam, passant sur elle, tout sera dit.

Mais elle était déjà supplantée et perdait le nom de capitale, que Carthage allait porter pendant sept cents ans avec éclat.

Ruines d'Utique.

Cette longue existence devait être traversée par des nsurrections terribles.

La première fut celle de Tacfarinas, qui, pendant huit années, de 17 à 25, lutta pour l'indépendance de l'Afrique, harcelant sans cesse les Romains suivant la tactique numide, ne leur livrant jamais bataille, ou, forcé de combattre et battu, allant se refaire dans le désert pour reparaître ensuite plus terrible qu'auparavant.

Il fallut à Rome, pour se débarrasser de ce mortel ennemi, une bataille décisive dans laquelle il périt les armes à la main.

Après la mort de Tacfarinas, tout rentra dans l'ordre pour longtemps, et Rome régna en maîtresse incontestée du Nil à l'Océan. C'est alors que la noblesse romaine prit l'habitude de venir en Afrique : les environs de Carthage surtout se couvrirent de palais et de riches villas; on voit encore aujourd'hui à la Marsa, ancienne résidence du bey, les ruines de ces splendides habitations, et à l'entrée du Sahel, entre Sousse et Sfax, existe le cirque d'El Jem, qui n'est autre que l'amphithéâtre de Thysdrus, jadis élevé par Gordien, et depuis si célèbre par son rôle dans les guerres du pays [1].

Aux IIe, IIIe et IVe siècles de notre ère, Carthage était non seulement la ville la plus peuplée de la Libye, mais encore, après Rome et Alexandrie, la plus importante de l'empire romain. Elle comptait quatre cent mille habitants.

Les lettres et le christianisme y firent de rapides progrès. C'est des écoles de Carthage que sortirent Apulée, Tertullien, saint Cyprien, Arnobe et saint Augustin.

Seulement, vers la fin de la domination romaine, de nouvelles révoltes, tant des indigènes que des légionnaires de l'empire, vinrent à plusieurs reprises troubler l'Afrique, autrement dit la Tunisie, qui fut mise à feu et à sang. Nous citerons entre autres celle de 310, réprimée par Maxence, et celle de Firmus, sous Valentinien II, étouffée par Théodose.

1. *Revue de géographie*, mai 1882.

INVASION DES VANDALES
ÉPOQUE BYZANTINE

Au commencement du ve siècle, la puissance romaine était déjà bien ébranlée, lorsque les Vandales, sortis du fond des régions hyperborées, après avoir successivement traversé la Gaule et l'Espagne, vinrent à leur tour pousser leurs essaims dévastateurs sur les provinces littorales de l'Afrique (428), et emporter d'assaut Carthage (430), dont ils firent leur capitale. Saint Augustin, évêque d'Hippone, mourut dans cette dernière ville pendant le siège. Le passage des Vandales finit d'anéantir le monde romain en Afrique.

Depuis deux siècles, le christianisme avait pénétré dans les provinces romaines ; mais à partir du ve siècle, il y déclina rapidement, pendant que se répétaient coup sur coup les invasions des Barbares.

En 533, dans ces plaines qui s'étendent derrière Tunis et les riantes collines de l'Ariana, où Agathocle avait été vainqueur, Regulus vaincu, les deux Gordiens battus par Capelien, Bélisaire défit les Vandales. L'année suivante, il les expulsa de l'Afrique. La Tunisie fit alors partie de l'empire d'Orient sous Justinien et ses successeurs. Mais les Grecs ne purent pas garder longtemps leur conquête.

DOMINATION ARABE

Les Arabes vinrent à leur tour occuper le palais où Genséric s'était assis et où Bélisaire l'avait remplacé un siècle plus tard.

Entrés vers 647 en Afrique, après bien des alternatives de succès et de revers et cinq expéditions successives, ils achevèrent enfin, en 670, sous la conduite d'Okbah, la conquête de la Tunisie. Seule, Byrsa restait encore debout comme un défi à leur puissance.

En 693, le calife Hassan le Ganasside s'en empara et prononça la ruine définitive de Carthage. Tout fut renversé et rasé, et pour la seconde et la dernière fois la capitale de l'Afrique disparut du rang des cités; quelques ruines informes devaient seulement marquer la place où elle fut jadis.

Parmi les débris de cette ville célèbre, appartenant les uns à la Carthage punique, les autres à la Carthage romaine, on remarque quelques restes de citernes publiques, d'égouts, de pierres sépulcrales, de colonnes, de jolis vases en porphyre, quelques restes des môles qui enfermaient ses ports, l'asile de tant de flottes redoutables, et les ruines d'un aqueduc de vingt-trois mètres de hauteur, qui atteste encore la puissance à l'ombre de laquelle la seconde Carthage florissait.

Carthage disparue, Kairouan devint la capitale de la Tunisie.

Cette ville venait à peine de naître : c'est Okbah, le fameux conquérant de l'Afrique du Nord, qui l'avait fondée vers la fin du VIIe siècle, en l'an 50 de l'hégire, 670 de l'ère chrétienne. Et voici comment, d'après la légende :

Ayant un jour amené ses compagnons d'armes, dont dix-huit avaient connu le prophète, au milieu d'une forêt profonde où ne conduisait aucun sentier, Okbah leur dit :

C'est ici que je veux bâtir ma capitale.

« Eh quoi ! s'écrièrent-ils alors, tu veux construire une ville dans des bois qu'aucun chemin ne traverse ! N'aurons-nous pas à craindre les attaques des bêtes féroces, les piqûres des serpents ? »

Mais, élevant la voix, Okbah parla ainsi :

« Vous, serpents, vous, fauves, sachez que nous sommes les compagnons du prophète de Dieu ! Fuyez de ces lieux. Ceux de vous qui resteront seront mis à mort. »

Et les musulmans, — telle est la légende, — virent avec admiration les animaux sauvages et les reptiles venimeux sortir de la forêt, suivis de leur progéniture. Durant quarantes années, il n'en reparut aucun dans les environs.

Ayant tracé le contour de sa capitale, Okbah arracha les arbres, désigna les rues, bâtit la citadelle et la grande mosquée. Les palais, les édifices du culte, les maisons s'élevèrent avec rapidité. Il accourut des habitants de toutes parts, et Kairouan devint bientôt une cité importante.

Pendant plus de deux cents ans, elle fut le chef-lieu des possessions des anciens califes. C'est là que résidaient leurs gouverneurs. Mais l'esprit d'indépendance finit par se glisser parmi eux.

AGLABITES (800-909)

L'un deux, Ibrahim ben Aglab, s'affranchit même complètement de toute espèce de tutelle, et, se révoltant ouvertement, fonda, en l'an 800, la dynastie des Aglabites, qui, un siècle durant, sut se maintenir indépendante.

C'est sous cette dynastie que Kairouan atteignit sa plus haute splendeur et son plus grand développement. Son enceinte qui, au temps d'Okbah, en 677, l'année même où elle fut achevée, n'avait que sept kilomètres de tour, en comptait alors cent seize [1]. S'il faut en croire la tradition, elle renfermait trente quartiers et une population d'environ cinq cent mille habitants [2].

La grande mosquée, dont le minaret quadrangulaire, par un temps clair, se voit de dix-huit kilomètres loin, fut en partie l'œuvre des Aglabites. Commencée par Okbah, agrandie en 727, démolie et rebâtie en 777, elle fut *redémolie* et reconstruite par ces rois en 827. Au milieu des diverses transformations dont elle fut l'objet, le *mihrab* seul ou sanctuaire de la mosquée primitive avait été respecté.

1. L'enceinte actuelle n'a pas plus de trois kilomètres de tour.

2. La population de Kairouan ne s'élève plus qu'à vingt mille âmes; le chiffre de cinquante mille, donné par quelques géographes, est exagéré.

Rien de plus grandiose que ce monument. C'est un immense carré de cent quarante mètres de côté, en pierres de taille. D'après la légende, ces pierres se seraient détachées d'une colline voisine, sur l'ordre d'Okbah ; mais il est plus scientifique d'admettre qu'elles furent extraites soit des ruines romaines de Suffetula [1], soit des anciennes carrières, aujourd'hui abandonnées,

Minaret.

mais qui se voient encore à Sousse, à Zembra et à Thoulba, aux environs de Mehadia.

Les murs extérieurs de la mosquée sont recouverts d'une couche épaisse de chaux, résultant de blanchiments successifs ; ils se découpent vigoureusement à l'horizon, sur le fond d'un ciel bleu foncé. De l'intérieur, comme

1. Aujourd'hui Sbitla.

Les tombeaux des califes à Kairouan.

les chrétiens et les juifs n'ont jamais pu y pénétrer, nous ne savons que peu de chose, seulement ceci :

Le nombre des colonnes qui supportent les voûtes est de quatre cent cinquante environ ; colonnes de marbre, de granit et de porphyre. Une vieille superstition défend de les compter, sous peine de sacrilège dont on serait puni dans l'année par la perte de la vue.

Deux de ces colonnes sont particulièrement remarquables ; elles datent de la mort d'Okbah. La mosquée en fut ornée vers cette époque, et depuis elles sont toujours restées debout dans leur intégrité ; elles sont de pierre rouge avec des veines blanches ; elles proviendraient d'une église chrétienne, et un empereur de Byzance en aurait vainement offert leur poids en or. De temps immémorial, on croit à Kairouan que les personnes chargées d'un gros péché ne sauraient passer entre ces deux colonnes, bien qu'il y ait plus d'espace qu'il n'en faut. Et comme les Kairouani n'ont jamais été tout à fait irréprochables, bien peu jusqu'à présent s'y sont hasardés. Curieux détail ! Il se trouve dans l'enceinte même de la mosquée un puits merveilleux. Les habitants de la contrée le disent intarissable et affirment de la meilleure foi du monde qu'il communique directement avec le fameux puits de Zem-Zem, situé dans la ville sainte de la Mecque. En raison de la sainteté du lieu, il va sans dire qu'on ne va pas y puiser de l'eau. Et cependant, c'est le seul qu'il y ait maintenant dans la cité. Il n'en était pas de même sous les Aglabites. Alors les puits étaient nombreux. En outre, quinze grands réservoirs ou *fesguia,* encore l'œuvre de ces rois, entouraient Kairouan et servaient à l'alimenter en automne, quand les citernes étaient épuisées. Il n'en subsiste plus que quatre, dont un seulement en bon état de conservation et d'usage.

FATIMITES (909-972)

Kairouan ne perdit rien de sa splendeur sous les Fatimites qui avaient expulsé les Aglabites et qui d'ailleurs ne firent pour ainsi dire que passer en Tunisie.

Cette puissante famille, à l'étroit dans un si petit royaume, alla presque aussitôt s'établir en Égypte, abandonnant ses possessions occidentales à des gouverneurs particuliers de la famille des Zeyrites.

ZEYRITES (972-1160)

Le dernier d'entre eux ayant appelé à son secours le chef des Almohades, celui-ci profita de l'occasion pour supplanter les Zeyrites dont la dynastie avait duré près de deux cents ans.

ALMOHADES (1160-1206)

Sous les Almohades s'ouvrit une ère de repos, de calme et de prospérité, pendant laquelle la Tunisie devint très florissante. Son commerce avec l'Europe s'accrut considérablement ; elle entra en relations avec les Pisans, les Génois, les Vénitiens. Les chrétiens avaient le droit d'aller et de venir dans la contrée, de vendre, d'acheter, de s'établir, de posséder des églises et des cimetières.

Ces princes résidant au Maroc, la Tunisie, sous leur domination, fut administrée par des gouverneurs jusqu'au jour où Abdel Ouhaid, de la famille des Beni Hafs, changeant son titre de gouverneur en celui de roi, fonda, en 1206, la dynastie des Hafsides qui allait régner pendant près de quatre siècles.

HAFSIDES (1206-1574)

C'est sur le déclin de l'empire des Almohades que Kairouan était tombée du premier au second rang.

La nouvelle capitale était Tunis. Il a déjà été plus d'une fois question de cette ville.

Au rapport des historiens grecs et romains, elle était contemporaine de la Carthage punique et fille de Tyr comme elle. D'après Maspero, elle serait même plus ancienne et il faudrait la placer dans l'ordre des temps entre a fondation de Kambé et celle d'Utique[1]. Dans tous les cas, cela ne changerait rien à son origine tyrienne.

Polybe, l'ami de Scipion Émilien, qu'il avait accompagné en Afrique, parle souvent de Tunis dans son histoire générale. Il nous apprend « qu'elle était située sur un lac, environ à cent vingt stades de Carthage, d'où on pouvait l'apercevoir de n'importe quel point de la ville..., que c'était un poste que la nature et l'art avaient de concert rendu imprenable..., que sa position était très avantageuse pour infester de là Carthage et les environs[2] ».

Tite-Live[3] dit à peu près la même chose de Tunis.

Ce qui prouve, en effet, l'importance de cette cité, c'est le rôle qu'elle joue dès la plus haute antiquité.

Agathocle, lors de son invasion, ne voulant pas, dans

1. V. plus haut, p. 7 et 8.
2. Polybe, liv. I, ch. VI, XV, XVI et XVIII; liv. XIV, ch. 1er.
3. Tite-Live, liv. XVIII, ch. XI et XIX; liv. XXX, ch. IX.

sa marche contre Carthage, laisser derrière lui une ville si gênante, s'en empara et la détruisit de fond en comble[1].

Elle se releva depuis, car Regulus la prit aussi plus tard, mais il ne la rasa pas; il en fit, au contraire, le centre de ses opérations contre Carthage.

Pendant la révolte des mercenaires, elle fut une des premières à prendre les armes, une des premières aussi à les déposer, au moment de la soumission.

Elle fut prise par le premier Africain qui, après Zama, y dicta ses conditions.

Mais son rôle pendant la troisième guerre punique ne nous est pas connu.

Bien que de quelque importance, Tunis n'était pourtant, du temps de Carthage, qu'une place de quatrième ou cinquième ordre; elle cédait le pas à Utique, à Mégalopolis, à d'autres villes encore. Mais elle s'accrut après la ruine de la Carthage phénicienne et bien plus après la destruction de la Carthage romaine.

Tunis, qui s'était embellie des ruines des deux Carthages, profita également des splendeurs de la gloire musulmane. Les Arabes y firent fleurir la poésie, les arts, la philosophie et surtout les sciences. Elle fut par instants la rivale de Kairouan qu'elle supplanta définitivement en 1260. Elle prit alors le nom de capitale, qu'elle a toujours gardé depuis.

C'est vers cette époque que les Maures, chassés d'Espagne et de Sicile, se répandirent sur tout le littoral de l'Afrique septentrionale. La Tunisie leur fut particulièrement hospitalière, surtout les villes de Bizerte et de Tunis; à Tunis même se réfugia l'illustre tribu des Aben-

1. Diodore de Sicile, liv. XX, ch. VIII.

cerrages, poétisée depuis par Chateaubriand. Vers cette époque aussi, les chevaliers et seigneurs chrétiens commencèrent à prendre du service auprès des souverains de Tunis, qui entretenaient des troupes soldées de Toscans, d'Allemands et d'Espagnols.

CROISADE DE SAINT LOUIS

C'est sous la dynastie des Hafsides qu'eut lieu la fameuse expédition de Louis IX, entreprise, dit Joinville, pour « chrétienner le roi de Thunes et son peuple ».

On sait que le saint roi mourut de la peste au siège de cette ville. Une chapelle marque l'endroit où fut élevé son tombeau ; elle se voit là même où se dressait autrefois Byrsa, cette colline qui fut le berceau de la puissance carthaginoise et qu'habitèrent depuis les proconsuls romains, les rois Vandales et les généraux de Justinien [1].

Les croisés, bien que vainqueurs, durent se retirer devant l'épidémie.

Mais, en 1391, surgit une querelle entre le roi de Tunis et les Génois. Ces derniers s'étant mis sous la protection de la France, Charles VI envoya une flotte qui força Tunis à céder et à prendre l'engagement de ne rien tenter contre les Génois.

1. La colline où fut Byrsa porte aujourd'hui le nom de plateau Saint-Louis, en souvenir du saint roi ; plateau désert et inhabité, concédé à la France sous Louis-Philippe et où a été construite la chapelle dont nous parlons.

DÉCLIN DE LA TUNISIE ARABE

Ce premier coup marque le commencement du déclin de la Tunisie indépendante. Ses corsaires infestant la Méditerranée commencent à attirer sur elle les armes des voisins. Bientôt sa perte est provoquée par les faits de deux frères célèbres, Aroudj et Khérédine, désignés vulgairement sous le nom de Barberousse, à cause de la couleur de leur barbe.

Les deux frères suivirent les traces de leur père, pirate, et firent la course avec un tel succès qu'ils remplirent du bruit de leurs exploits la dernière moitié du quinzième siècle et la première du seizième.

Le premier, Aroudj, après avoir obtenu, en 1505, du roi de Tunis la cession en propre des îles Djerba, s'était emparé d'Alger, en 1516. Charles-Quint, voyant ses possessions d'Afrique (Oran) menacées par cet aventurier, dirigea contre lui une armée qui le battit à Tlemcen, en 1518; Aroudj fut tué dans le combat.

Son frère Khérédine lui succéda dans le gouvernement d'Alger. Ce dernier, qui fut avec Doria le plus fameux marin de son temps, était né vers l'an 881 de l'hégire (1476 de notre ère) dans l'île de Metelin, l'ancienne Lesbos. Craignant sans doute le sort de son aîné, il n'eut rien de plus pressé que de se placer sous la suzeraineté du sultan de Constantinople. Non seulement le sultan le prit sous sa protection, mais encore à son service : il le nomma capitan-pacha ou généralissime des flottes ottomanes.

Cependant le roi de Tunis, Mouley-Hassan, peu rassuré par le voisinage d'un homme aussi redoutable que l'ancien pirate devenu maître d'Alger, souleva contre lui les tribus de la Métidja et du Sahel. Khérédine revint aussitôt en Afrique, s'empara de Bizerte et de Tunis, d'où il chassa Mouley-Hassan ; déjà même il se préparait à descendre en Italie, quand il fut arrêté dans le cours de ses conquêtes par les armes de l'empereur.

SUZERAINETÉ HISPANO-ALLEMANDE
CONQUÊTE TURQUE

Après avoir équipé une flotte formidable, Charles-Quint se mit en mer dans la direction de Porto Farina, où il débarqua (1535). Barberousse s'était enfermé dans le fort de la Goulette; il alla l'y attaquer et par terre et par mer. Malgré la plus vigoureuse résistance, le corsaire fut vaincu, le fort emporté d'assaut, Tunis repris et le roi rétabli sur le trône (1535). Mais Mouley-Hassan dut reconnaître la suprématie de l'empereur, et une garnison espagnole occupa la Goulette.

La domination hispano-allemande ne fut pas de longue durée. En 1574, les Turcs, en guerre avec l'empire germanique, finirent par se rendre maîtres de la Tunisie.

Pendant les premières années, Tunis reçut des pachas ; mais la milice des janissaires qui formaient la garde de ces gouverneurs ne tarda pas à s'arroger le droit d'élire ses chefs ou deys, dont l'influence alla toujours croissant jusqu'à la fin du dix-septième siècle. En 1684, le rôle du pacha turc se bornait à recevoir le tribut pour son grand seigneur et maître ; le sultan lui-même n'exerçait plus qu'une suzeraineté purement nominale sur la Tunisie.

ORIGINE DES BEYS

L'année suivante, il arriva même que le dey Mahmoud prit sans plus de façon le titre de bey jusqu'alors réservé aux souverains turcomans et rétablit la monarchie héréditaire.

Cependant les beys ne rompirent pas tout de suite avec la Porte, dont ils voulaient bien encore se dire les vassaux, mais ils cessèrent bientôt de lui payer tribut, se contentant de lui envoyer, chaque année, quelques présents. Dès lors, il ne resta plus au sultan qu'un simple droit d'investiture, dont il usa jusqu'à l'avènement du dernier bey.

Comme on vient de le voir, depuis la plus haute antiquité jusqu'à nos jours, la Tunisie a été le théâtre d'une série d'invasions étrangères. Ce sont d'abord les Cananéens, les Phéniciens et les Carthaginois ; après les Carthaginois, les Romains ; après les Romains, les Vandales ; après les Vandales, les Grecs de Byzance ; puis ce sont les Arabes, et plus tard les Turcs Ottomans, dont la domination barbare s'est affaissée devant le drapeau de la France.

CAUSES DES INVASIONS SUCCESSIVES DE LA TUNISIE

Quelle a donc été la cause de ces invasions successives? Pourquoi tous les peuples conquérants se sont-ils ainsi rués sur la Tunisie? Est-ce parce qu'elle forme un vaste royaume bien peuplé?

Non. La Tunisie est le plus petit des États dits barbaresques; sa superficie ne dépasse guère six mille lieues carrées.

Cubisol l'évalue à quatre mille lieues carrées; Behm et Wegner à près de six mille lieues, et Dunant à sept mille cinq cents lieues.

Quant à sa population, de trois millions d'habitants, il y a une trentaine d'années, de deux millions cinq cent mille en 1861, elle ne s'élèverait plus aujourd'hui, d'après les estimations les plus récentes, qu'à deux millions ainsi répartis :

Berbers.	688,000
Arabes et Maures.	1,236,000
Juifs	50,000
Européens	26,000

Les Berbers [1] sont les descendants de tous les peuples anciens qui, sous la dénomination commune de Libyens et sous les appellations diverses de Mauritaniens, de Numides, de Gétules et de Garamantes, occupaient au-

Type berber.

trefois tout le nord de l'Afrique. « Ils représentent, nous dit M. Gaffarel [2], dans l'état actuel de nos connaissances,

1. V. p. 2, 3, 4 et 5.
2. *L'Algérie; histoire, conquête et colonisation.*

la couche humaine primitive, celle qui a précédé toutes les autres en Afrique. » Cela n'est pas douteux, mais il est également certain qu'ils sont d'origine étrangère [1], et nous avons prouvé tout au commencement de ce travail que cette origine est asiatique, précisons, cananéenne. Les Berbers ne sont donc pas, à proprement parler, de vrais fils de la terre africaine, sortis de son sein et nourris de sa sève. Seulement ils occupent le pays depuis si longtemps, qu'ils ont perdu le souvenir des siècles passés où leurs ancêtres s'y étaient établis, et dans ce sens on peut les appeler des autochtones.

Les Berbers formaient autrefois une grande nation compacte et souveraine, maîtresse de tout le nord de l'Afrique; elle couvrait de ses peuplades toute la partie du continent africain qui s'étend depuis la mer des Indes et la mer Rouge jusqu'aux Colonnes d'Hercule, sur l'Atlantique. Au dire de Ptolémée, le nombre de ces peuplades s'élevait à plus de cent trente. Ammien Marcellin, au quatrième siècle de notre ère, les rattachait à des races différentes [2]. Le fait est qu'il y avait de quoi se tromper. En effet, les dialectes parlés par ces peuplades paraissaient de prime abord avoir si peu de rapport les uns avec les autres qu'on était en apparence autorisé à conclure à la diversité de souche. Mais en comparant entre eux, même les plus dissidents, on s'apercevait bien vite qu'ils dérivaient de la même langue mère. L'illustre saint Augustin, qui y voyait plus clair que l'historien romain, ne se laissa pas, lui, prendre aux apparences. Ses paroles: « *In Africa barbara gentes in una lingua plurimas novimus* [3], » témoi-

1. L'étymologie seule de leur nom patronymique (Berber, du sanscrit *Warwara*, exilé, proscrit) l'indique.

2. Dissonas cultu et sermonum varietate nationes plurimas.

3. *Cité de Dieu*, XVI, 6.

gnent qu'il avait reconnu un fait important et bien difficile à saisir, à savoir que ces diverses peuplades ne formaient qu'un seul et même peuple, parlant des dialectes différents, c'est vrai, qui variaient de province à province, de tribu à tribu, de montagne à montagne et de village à village au point quelquefois de ne pas s'entendre, c'est encore vrai, mais enfin des dialectes d'une seule et même langue. Plusieurs siècles après saint Augustin, les historiens musulmans s'accordent à reconnaître que les conquérants arabes se trouvèrent aussi en présence d'un seul langage parlé par les indigènes. Jusqu'à nos jours, les Berbers ont conservé leur idiome particulier, « sans doute mélangé de turc ou d'arabe, mais qu'ils sont seuls à parler et à comprendre; ils parlent comme parlaient leurs ancêtres, il y a plusieurs milliers d'années, et, pendant que tout se renouvelait autour d'eux, pendant que le flot des invasions battait leurs montagnes, ils maintenaient leur langue et leurs traditions. Leurs coutumes ont changé moins encore, car elles se sont perpétuées par l'usage et le patriotisme, en sorte que, décrire les mœurs berbères contemporaines, c'est presque revenir à plusieurs siècles en arrière, et, pour ainsi dire, étudier l'antiquité sur le vif[1]. » Mais le naturel des Berbers s'est profondément modifié avec leur habitation et leurs occupations journalières. Ainsi, ils n'étaient pas tout d'abord ouvriers, ils ont été contraints de le devenir. Ils n'étaient pas tout d'abord « républicains décentralisateurs », ils le sont devenus. Ils n'étaient pas sédentaires, puisque leurs ancêtres reçurent des Grecs le nom de Numides, c'est-à-dire nomades (de *némô,* je fais paître), ils menaient une vie toute pastorale : maintenant

1. Gaffarel, *l'Algérie.*

ils sont agriculteurs et pour ainsi dire fixés au sol. Autrefois ils passaient pour les meilleurs cavaliers de l'Afrique, les Numides fournissaient à Carthage toute sa cavalerie : les Kabyles contemporains, pour ne citer qu'eux, ne se servent du cheval que pour travailler. Toutes ces transformations ont une même cause : elles s'expliquent surabondamment par le refoulement de la race berbère sur les montagnes. Tant qu'elle vécut en corps de nation, maîtresse des plaines et des vallées, elle ne subit aucune métamorphose, elle resta ce qu'elle était. Mais quand, par suite des invasions, elle fut morcelée et dispersée en grande partie sur les crêtes de l'Atlas, *comme dans des îlots aériens* [1], alors, par le changement même de milieu, elle dut forcément changer de genre de vie. Toutefois l'unité berbère ne disparut pas tout d'un coup ; elle résista aussi bien à la conquête romaine qu'au flot vandale et à l'influence grecque ; elle ne céda que sous la pression de l'invasion arabe. C'est de cette époque surtout que date la distribution des Berbers telle que nous la voyons aujourd'hui. On les rencontre dans toutes les parties de l'Afrique septentrionale depuis la Méditerranée jusqu'au Niger et depuis les Syrtes jusqu'à l'Atlantique. C'est dans ce vaste espace que sont disséminés les débris de la nation berbère, autrefois puissante et dominatrice, maintenant éparse et subjuguée, n'existant plus qu'à l'état de groupes de population, isolés les uns des autres, sans liens et sans cohésion, séparés par de hautes montagnes et de vastes étendues de terrain :

Dans les montagnes du littoral tunisien, cultivant les jardins qui entourent leurs maisons ou leurs villages,

1. L. Drapeyron, *Revue de géographie*, janvier 1883.

s'occupant de l'éducation de leurs troupeaux ou bien se livrant au brigandage, ce sont les Khroumirs ;

Dans les montagnes de Constantine, d'Alger et d'Oran, ce sont les Kabyles et les Chaouïa;

Dans l'empire du Maroc, ce sont les Cheloub, habitant les montagnes, et les Amazig, les plaines ;

Enfin, dans le Sahara, au milieu des sables brûlants du désert, ce sont les Touaregs dont quelques fractions passent leur temps à piller les caravanes, à escorter les voyageurs et à guerroyer avec les voisins.

Comme nous l'avons dit, jusqu'à la domination arabe, les Berbers, quoique successivement mêlés aux Phéniciens, aux Romains, aux Vandales et aux Grecs, avaient conservé non seulement leur nationalité, mais encore leur physionomie primitive ; tous ces éléments étrangers s'étaient absorbés et pour ainsi dire fondus dans les peuplades indigènes. C'est à peine si quelque dissemblance venait de loin en loin déceler la lignée romaine ou vandale. Mais il ne fut pas possible aux Berbers de se garder purs de tout mélange avec les Arabes : ces conquérants laissèrent de profondes traces de leur passage et mêlèrent fortement leur sang au sang des vaincus. Malgré cela, il ne faudrait pas, comme on le fait trop souvent, confondre les Berbers avec les Arabes, dont ils se distinguent si profondément et par tant de côtés.

Commençons par la religion.

Les Berbers sont mahométans, mais, à la différence des Arabes, mahométans du bout des lèvres ; ils n'ont de musulman que l'écorce. Grattez un peu, creusez et fouillez, vous trouvez en eux, sinon des libres penseurs, du moins des esprits forts ; ils ne font pas leurs prières, observent mal le jeûne et plus mal encore les ablutions, sans compter que beaucoup d'entre eux s'en vont faire la sieste à la mosquée. Il y a loin de là à ce qu'on appelle de vrais croyants.

Vrais croyants! Comment le seraient-ils après avoir, au milieu des vicissitudes et des révolutions sans nombre dont leur pays a été le théâtre, changé tant de fois de religion? La tradition nous apprend qu'ils ont apostasié jusqu'à douze fois: ils ont été idolâtres, polythéistes, chrétiens, qui diable sait encore, avant d'être mahométans. Chaque conquérant apportait avec lui sa religion qu'il leur imposait. Pour se soustraire aux violences ou aux persécutions, ils l'acceptaient ou faisaient semblant de l'accepter; ils s'en couvraient ainsi que d'un burnous, gardant dessous leur foi première. C'est avec cette arrière-pensée qu'ils ont embrassé l'islamisme, forcément et sous le coup du cimeterre. Aussi ne l'ont-ils adopté qu'à demi, comme on le voit par l'examen des formes sociales et des lois.

En effet, tandis que les musulmans du globe s'en tiennent au Coran comme au code complet, universel, qui embrasse la vie entière d'un peuple et règle jusqu'aux moindres détails de sa conduite publique ou privée, les Berbers, par exception, observent des statuts particuliers, transmis par leurs ancêtres, et qui sur bien des points sont en désaccord avec la loi musulmane; en d'autres termes, en adoptant le Coran comme guide de leur foi religieuse, ils l'ont rejeté comme code pour garder leurs anciens usages, où respirent la liberté, l'égalité et la fraternité, trois choses qu'on chercherait vainement dans les institutions arabes.

L'opposition des caractères met encore plus en évidence la diversité de race.

L'Arabe est nomade et vit sous la tente: aujourd'hui il campe ici, demain là; il s'arrête juste le temps de laisser paître son troupeau et de manger lui-même, puis il plie bagage et pousse plus loin, comme si Dieu l'avait condamné à errer éternellement sur la terre africaine. Le Berber, au contraire, est sédentaire, fixé au sol et à sa maison ; il a l'air de dire au conquérant qui passe : je ne bouge pas, je suis le fils de ces montagnes et de ces plaines, j'ai le droit du premier occupant.

Type arabe.

L'Arabe est ami de l'ostentation et du luxe ; le Berber se soucie peu de paraître et ne met du luxe qu'à son fusil, à l'arme qui doit protéger son honneur et son indépendance.

L'Arabe est traître, le Berber est franc ; méfiez-vous toujours du premier ; vous pouvez vous fier au second, quand il a donné sa parole.

L'un et l'autre sont voleurs, mais l'Arabe vole tout le monde indistinctement, tandis que le Berber ne vole jamais ses frères.

Ainsi donc, bien que vivant en contact depuis des siècles, l'Arabe et le Berber sont séparés par un abîme. Ils ne s'accordent que sur un seul point : l'Arabe déteste le Berber et le Berber déteste l'Arabe.

Une antipathie si vivace serait inexplicable, si on ne l'attribuait pas à un ressentiment traditionnel perpétué d'âge en âge entre la race conquérante et la race vaincue.

Maintenant, les Berbers se distinguent-ils des Maures?

Non, si l'on désigne par ce mot les fils des anciens *Mauri, Mauritani,* contemporains et voisins immédiats des Numides, sujets de Bocchus.

Oui, si l'on entend par là les descendants des Maures d'Espagne et de Sicile, refoulés à Tunis par la domination des princes d'Occident.

Ces derniers ont la peau plus blanche que les Berbers, le visage plus plein, le regard plus calme, le nez moins saillant, en un mot tous les traits de la physionomie moins énergiques ; leur démarche est plus lente, leur taille moins élancée. Ils ont la fierté castillane et ils jouent de l'éventail comme des Andalous. Si après cela on doutait encore de leur origine espagnole, il n'y aurait qu'à regarder leurs grands yeux noirs.

Autre fait caractéristique : leur organisation en tribus est moins accusée chez eux que chez les Berbers et les Arabes.

Il est à remarquer que chacun de ces peuples fait bande à part. Les Berbers ne peuvent pardonner aux Arabes de les avoir dépossédés de la régence : un Kabyle, par exemple, croirait déchoir s'il épousait une Mauresque, et le Maure ne fréquente pas le Berber et méprise l'Arabe nomade comme un être sauvage, barbare et déclassé.

Chacun de ces groupes a sa vie particulière, ses usages que rien ne lui ferait abandonner et qui se transmettent fidèlement de génération en génération.

Il y a toutefois des traditions qui sont communes à tous les trois.

Ainsi, l'hospitalité est pour les uns comme pour les autres chose sacrée. Un étranger arrive-t-il au douar ou au gourbi? aussitôt qu'il a touché la main du chef de famille, il est inviolable; on l'appelle « l'hôte de Dieu ». Il a la place d'honneur à table et les morceaux de choix lui sont réservés.

Ce qu'ils ont encore de commun, c'est le prêtre ou *marabout*.

Le mot marabout vient de l'arabe « Marabath » et signifie « lié ». Les marabouts sont des gens liés à Dieu.

On connaît bien l'origine du mot, mais on ne connaît pas celle de ces religieux. Les uns croient retrouver en eux les descendants des Maures exilés d'Espagne; les autres leur attribuent une souche exclusivement arabe. L'opinion la plus vraisemblable est qu'ils sont de races diverses et pour la plupart originaires du pays.

En effet, il n'y a guère que deux moyens de faire souche de marabouts. Le premier est d'obtenir le titre de *taleb,* qui vous pose dans le village comme un homme supérieur. Si vos descendants suivent la même voie, à la seconde ou troisième génération, ils sont marabouts.

Le second moyen est de se faire *derviche,* de se couvrir de haillons, de simuler l'exaltation ou la folie, de prophétiser. Si deux ou trois de vos prédictions viennent à s'accomplir, votre prestige est définitivement établi, vous êtes un saint inspiré, visité par l'esprit de Dieu; à votre mort, vos enfants sont marabouts sans conteste et transmettent le titre de mâle en mâle à leurs héritiers.

Voilà les deux moyens, nous n'en connaissons pas un troisième. Or, ils sont l'un comme l'autre à la portée de tout le monde, ils n'imposent aucune condition ni de race ni de fortune.

Il est donc naturel de supposer que, les marabouts formant, grâce au système d'hérédité, une caste privilégiée, Berbers, Arabes et Maures aient cherché à s'y rattacher par leurs enfants.

Quoi qu'il en soit, le marabout est le prêtre musulman, chargé du service du culte.

Il préside à la prière et procède à toutes les cérémonies religieuses, soit dans l'intérieur de la mosquée, soit à l'occasion des naissances, majorités, mariages et enterrements.

Ses émoluments sont maigres; mais ses profits casuels sont gros : il est logé, chauffé, éclairé; on lui apporte l'eau, le bois, l'huile, la nourriture et toutes sortes de présents; de plus, il est de toutes les fêtes officielles. Tel est le respect dont il est entouré qu'on lui baise les mains, qu'on lui décerne le titre de *Sidi* et qu'on se met à genoux sur son passage pour recevoir sa bénédiction. On va même plus loin, on l'exempte, sauf le cas d'invasion étrangère, du service militaire, de l'achour, de la corvée, des frais d'hospitalité et des contributions de guerre, tout autant de privilèges pourtant si contraires aux instincts naturels sinon des Maures et des Arabes, du moins des Berbers.

Le plus souvent le marabout cumule ses fonctions de desservant avec celles de muezzin, de médecin, d'arbitre et d'instituteur. Mais hâtons-nous d'ajouter à son honneur, et l'exemple serait bon à suivre par beaucoup de nos démocrates, que s'il cumule, ce ne sont pas les traitements, mais seulement les emplois. Le marabout est l'homme de tous les métiers.

Comme médecin, il est appelé à soigner les hommes et les bêtes, et il n'a pas deux méthodes.

Ses remèdes sont toujours les mêmes et d'une extrême simplicité : ils consistent la plupart du temps en un verre d'eau pure, dans lequel il fait infuser une bande de papier, couverte de caractères mystérieux.

Quelquefois le malade guérit, alors c'est la foi qui le sauve ! Dans tous les cas, ce n'est jamais le remède.

Un des plus beaux rôles du marabout, rôle reconnu de tous, est le rôle sacré de la conciliation.

Les différends sont nombreux, les guerres civiles fréquentes dans la montagne; pieux et désintéressé au sein de ces luttes, le marabout est naturellement choisi pour arbitre et sa neutralité sert à séparer les parties hostiles.

Son action conciliatrice s'étend à tout :

Chez les Kabyles, à l'époque des élections, lorsque les membres de la *Djemâa* ne peuvent tomber d'accord sur le choix d'un *amin,* le marabout intervient, il propose au peuple le candidat qu'il juge le plus digne et lit ensuite la prière du *fatah* sur le nouvel élu.

Au marché, le marabout, entouré de plusieurs de ses confrères qui lui servent d'assesseurs, juge les contestations civiles et commerciales.

Deux tribus sont-elles en guerre, deux villages en discorde, deux familles en inimitié, c'est encore le marabout qui s'interpose. Ce rôle de conciliateur lui assure à la fois influence et profit.

A tous ces titres déjà si importants le marabout ajoute le prestige du savant et du lettré.

Et cependant son bagage d'érudition est des plus légers : quand il sait lire et écrire, c'est beau ! mais le proverbe dit *qu'au pays des aveugles les borgnes sont rois.*

Quoi qu'il en soit, savant ou ignorant, lettré ou illettré, le marabout est l'instituteur du village.

Cela étant, il va de soi que l'enseignement n'est ni laïque ni obligatoire, mais il est gratuit.

La classe se fait dans la mosquée qui est en même temps l'école du village.

Les élèves arrivent à l'appel du muezzin.

L'école primaire s'ouvre à tous les enfants indistinctement, berbers, maures ou arabes.

On y enseigne d'abord la formule religieuse :

La ila illa Allah, Mohammed rasoul Allah!

Il n'y a de Dieu que Dieu, Mahomet est son prophète !

Puis une douzaine de prières et quelques versets du Coran.

La plupart des enfants n'en apprennent pas plus long : de bonne heure ils vont garder les troupeaux ; devenus grands, ils accompagnent leurs pères.

Seuls, quelques fils de marabouts savent lire et écrire, en sortant de l'école primaire.

Ceux-là vont généralement terminer leurs études dans certains établissements religieux d'une importance particulière, destinés tout ensemble à l'hospitalité et à l'instruction : ce sont les *zaouïas.*

La zaouïa peut former un vrai village. Plus souvent, c'est un établissement occupé par des marabouts, groupé autour d'une Koubba ou tombeau voûté sous lequel repose le saint fondateur et comprenant alors une maison hospitalière, une école ou mâmera, des habitations pour ceux qui viennent s'y instruire.

L'hospitalité y est gratuite et l'instruction à peu près.

Les étudiants payent quinze ou vingt francs en entrant, et c'est tout. Avec cela ils sont logés, nourris et habillés pendant toute la durée de leur séjour à la zaouïa. Et ce séjour est plus ou moins long : pour les plus zélés, de cinq ans; pour les autres, de dix ans, et pour certains il ne finit jamais. Ce n'est pas seulement en France et *au pays latin* qu'on rencontre *le vieil étudiant.*

Les matières de l'enseignement dans la mâmera sont :

1° La lecture et l'écriture ;

2° Le Coran et ses commentaires ;

3° La grammaire arabe ;

4° La théologie ;

5° La jurisprudence ;

6° Les éléments du calcul, de la géométrie et de l'astronomie ;

7° La rédaction des actes ;

8° La versification.

L'enseignement se fait en arabe.

Les marabouts croiraient manquer à leur devoir et à leur dignité, en employant une autre langue et une autre écriture que celles du livre saint. D'ailleurs, ils le voudraient qu'ils ne le pourraient pas : le berber a perdu ses signes graphiques depuis longtemps et toutes les recherches faites pour les retrouver ont été et seront sans doute infructueuses. De tous les dialectes de cette langue, le *tamachek* est le seul qui ait conservé son alphabet et son système d'écriture spécial dont les caractères, grossiers et barbares, se rapprochent beaucoup des anciennes inscriptions libyques.

Les Kabyles, les Khroumirs et les Chaouïa ont eu peut-être jadis un instrument analogue, tout le fait supposer ; mais l'introduction de l'islamisme parmi eux, en rendant obligatoire la langue sacrée du Coran, a exclu du programme d'études des écoles leurs dialectes, dont l'écriture, d'abord abandonnée, a fini par disparaître. Les dialectes cependant qui ne s'écrivent plus depuis des siècles, se parlent toujours.

L'enseignement musulman est des plus vicieux. Ce n'est qu'un long exercice de mémoire où l'intelligence et le raisonnement ne sont pour rien.

Prenez un jeune homme à la sortie de la mâmera : il vous récitera le Coran d'un bout à l'autre, sans une faute et même avec la spalmodie ou l'intonation voulue ; mais si vous lui demandez le sens des paroles qu'il débite avec tant d'assurance, il restera coi, ne sachant que répondre ; pendant tout le temps passé à la mâmera, il n'a appris que des mots tout comme un perroquet.

Et surtout ne l'interrogez pas sur le calcul, moins encore sur l'astronomie ou la géométrie : il n'en connaît pas les premiers éléments.

Quant aux connaissances qui ne figurent pas au programme d'études : littérature, histoire, géographie, etc., il va sans dire qu'il n'en a jamais entendu parler.

Les zaouïas ne ressemblent en rien à nos établissements universitaires ; elles se rapprocheraient plutôt de nos universités religieuses : ce sont des espèces de séminaires, de couvents d'étudiants, ou, si l'on aime mieux, de véritables républiques, nommant leurs chefs, se gouvernant librement sous la double autorité du *mok'adden*, président nommé par l'assemblée générale des *tolbas* (étudiants), et du *cheik,* professeur qui le plus souvent est le propriétaire de l'établissement, l'héritier du saint fondateur.

Les zaouïas donnent l'hospitalité et l'instruction gratuitement; elle le font à grands frais. Pour cela, il faut qu'elles aient des ressources. En quoi consistent-elles?

Elles proviennent de plusieurs sources dont les principales sont :

1° Les revenus des propriétés de l'établissement;

2° L'achour payé par les serviteurs religieux de la zaouïa (redevances annuelles payées volontairement par certains musulmans);

3° Les offrandes pieuses;

4° Les collectes faites par les tolbas;

5° Les droits d'admission.

Les marabouts constituent ce que nous appelons le clergé séculier, salarié par l'État, se perpétuant par la simple descendance.

Mais dans les pays soumis à l'islam, comme dans les pays catholiques, à côté du clergé séculier et, peut-on ajouter, au-dessus de lui, il y a les ordres religieux, dont les chefs ou grands maîtres, *khalifa,* sans être marabouts, exercent sur les esprits, directement ou par leurs vicaires, *cheiks*, une action considérable. L'un des plus célèbres et aussi des plus redoutables par ses menées comme par ses progrès est celui de Sidi-Abderrahman, qui, d'après les uns, a son siège à la Mecque et d'après les autres en Kabylie. Quoi qu'il en soit, il sert de foyer à une vaste association religieuse où se mêlent dans l'ombre Khroumirs, Kabyles et Arabes, dont tous les membres se nomment *khouans,* frères, dont le mot d'ordre semble être l'expulsion des français de l'Afrique. Notre gouvernement fera bien de surveiller de près les khouans, car sous ce nom de confrérie se cache une société secrète, une sorte de franc-maçonnerie politique, née autant du sentiment patriotique que du sentiment religieux. On y retrouve les cérémonies d'affiliation, de serment, de pratiques, qui caractérisent les sociétés analogues dans les divers pays du monde.

L'ordre de Sidi-Abderrahman n'est pas le seul; il y en a beaucoup d'autres, moins connus, il est vrai, mais tout aussi fanatiques.

Les nombreux adeptes de ces associations sont le noyau tout formé des milices sacrées, quand la guerre sainte est prêchée.

La guerre sainte! ce sont les marabouts qui la prêchent.

Un marabout guerrier.

Abd-el-Kader était marabout.

Bou Amena, Si Sliman, Si Kaddour et Ali-ben-Khalifa, les principaux chefs des dernières insurrections, sont des marabouts.

Dans la Tripolitaine et le Maroc, le marabout est tout : un mot de lui soulève les masses ou les apaise.

En Algérie et en Tunisie, son influence est moindre; elle cède peu à peu devant la fortune de nos armes. L'Algérie et la Tunisie voyant leurs saints toujours vaincus par nos soldats n'ont plus la même foi : comme Athènes après Chéronée, elles commencent à douter de leurs dieux.

Il va sans dire qu'il y a des Juifs en Tunisie. Où n'en trouverait-on pas? Après les Arabes, les Berbers et les Maures, ce sont les plus nombreux. On en compte cinquante mille.

Le négoce est entre leurs mains : méprisés, ils n'en sont pas moins tolérés comme des agents nécessaires. C'est l'histoire invariable de cette race dans ses rapports avec les autres. Pendant longtemps, en Tunisie, les Juifs furent astreints à porter en signe distinctif le turban noir. Depuis leur émancipation, œuvre d'Ahmed-Bey, ils ont le droit de porter le costume des Maures ; le *sseroual,* large pantalon à mode turque, retenu aux reins par une ceinture (*samla*), les deux gilets à petits boutons de cuivre (*farmela et sedria*), la veste brodée de couleur claire qui s'arrête à la taille (*abaïa*). Seulement, au lieu de babouches aux couleurs voyantes, ils portent des chaussures à l'européenne qu'ils traînent nonchalamment en guise de savates, le quartier rabattu sous le talon et les doigts du pied seuls engagés dans l'avant-corps du soulier. Les vieux juifs ont gardé le turban ou la calotte noire, qui était autrefois la caractéristique de leur race. Chez les jeunes, la chachia rouge et le burnous en drap sont comme le signe de l'affranchissement et l'indice d'une sorte d'assimilation aux Maures [1].

Si l'on ajoute à ces éléments ethnographiques quelques Turcs et environ vingt-six mille Européens, on aura la population totale de la Tunisie, population faible et répartie dans un petit espace.

Ce n'est donc pas l'importance de son territoire qui

1. *Revue de géographie,* octobre 1881 ; article de M. de Crozals.

a valu à cette contrée l'invasion des peuples conquérants.

Quoi donc ?

Sa richesse.

La Tunisie est une des plus riches parties de l'Afrique.

Presque rien n'y manque.

Le sol recèle des mines d'argent, de cuivre, de plomb, de fer, de zinc, de manganèse, d'antimoine, de sel.

Les montagnes renferment de magnifiques forêts de pins, d'ifs, de hêtres, de térébinthes, de lauriers-roses, de chênes lièges, de chênes à glands doux.

Sur les hauts plateaux, croissent de gras pâturages qui nourrissent de nombreux troupeaux de bœufs, de moutons, de chèvres et de chevaux.

Dans les plaines viennent avec leurs touffes hautes et denses les alfas, d'une qualité supérieure en ce pays.

Des myrtes, des jasmins, des hennés, en un mot les plus belles fleurs embellissent les jardins.

Enfin dans les vergers et les campagnes, on voit tous les fruits des climats chauds : les grenades, les limons, les jujubes, les pistaches, les pêches, les abricots, les figues, les amandes, les bananes, les dattes, les oranges, les olives et le raisin.

La vigne, dont la culture se répand, est très belle, surtout le long de la mer; elle fera, dans quelques années, la fortune de la Tunisie, comme elle fait déjà celle de l'Algérie.

L'olivier aime les côtes d'Afrique. S'il en faut croire Michelet[1], il y fut importé par Annibal, après la défaite de Zama. Voulant relever sa patrie par de bonnes réformes et d'utiles créations, le grand vaincu employa les loisirs

1. Michelet, *Hist. rom.*, t. Ier, p. 53 et 54.

de ses troupes à planter sur la plage nue de la Libye ces oliviers dont il avait pu apprécier l'utilité en Italie. L'olivier devint pour Carthage une nouvelle source de richesses.

On sait les proportions que prend cet arbre sous le ciel africain : il n'a de commun avec le maigre olivier languedocien et provençal que son pâle feuillage ; son tronc a une puissance remarquable, et le développement de ses branches une hardiesse inattendue. Pellissier a donné une description exacte de la culture de l'olivier en Tunisie : « Le terrain est labouré, l'arbre est émondé, pas aussi souvent qu'il faudrait, mais enfin quelquefois ; mille précautions sont prises pour que pas une goutte de pluie ne se perde. A cet effet, des tranchées pratiquées sur les pentes du terrain, dans le sens des courbes horizontales, recueillent cette eau précieuse, et des rigoles ingénieusement tracées la conduisent au pied des arbres, qui restent quelquefois inondés plusieurs jours après la cessation de la pluie dont ce système décuple le bienfait. Enfin les engrais mêmes ne sont pas épargnés[1]. »

Mais si toutes les essences indigènes que nous venons d'énumérer sont utiles et agréables, si elles donnent tout à la fois de l'ombre, des fleurs, des parfums et des fruits, ce n'est point là qu'il faut chercher la première et véritable richesse de la Tunisie. Elle est dans les céréales.

Jamais moissons plus abondantes, nulle part récoltes plus pleines et plus dorées. Le sol est si fertile, que même sans engrais il produit la plus brillante végétation. Les bonnes terres rendent de douze à vingt pour un, les meilleures donnent jusqu'à cinquante et jusqu'à cent,

1. V. *Revue de géographie,* octobre 1881 ; article de M. de Crozals.

lorsqu'elles sont favorisées du ciel et arrosées par les pluies à des époques convenables.

La culture est des plus simples : on laboure les champs avec des chevaux, des mulets, des bœufs ou des chameaux, ordinairement dans le mois de novembre, après les pluies de l'automne ; les semailles viennent ensuite, en décembre ou en janvier. L'orge se récolte en mai ; le blé en juin. Les indigènes se servent pour la moisson de la petite faucille recourbée, dont l'extrémité seule est tranchante. C'est le même instrument que l'on voit entre les mains des paysans français dans certaines régions du Midi, quand ils vont par bandes embrigadées faire les travaux de la moisson dans la plaine. Au lieu de battre les grains, les Arabes ont conservé l'ancienne coutume de les fouler. Le foulage se fait sous les pieds des chevaux ou des mules. Cette opération terminée, on vanne le grain en le jetant avec des pelles à l'opposite du vent, puis on l'enfouit, pour le conserver, dans des silos, sortes de grandes fosses creusées dans des lieux secs et dont on ferme l'entrée avec une large pierre, que l'on recouvre de terre. Le travail de la mouture se fait au moyen de moulins. Ils se composent d'une simple meule frottant à plat, mise en mouvement par un axe vertical, dans lequel s'engage le bras du manège. La besogne s'accomplit lentement et sans doute assez mal.

Cette merveilleuse fertilité ne se borne pas à quelques cantons, elle ne s'arrête pas à quelques vallées, comme celles de la Medjerda, de l'oued Mellègue, de l'oued Miliana et de leurs affluents, où à quelques belles plaines comme celle de la presqu'île du cap Bon ; elle embrasse plusieurs millions d'hectares, c'est-à-dire toute la partie située au nord de l'Atlas et généralement désignée sous le nom de *Tell Tunisien ;* en d'autres termes, elle s'étend depuis la Méditerranée et la frontière algérienne jusqu'aux montagnes du Kef au S.-O. et au mont Zaghouan à l'est.

Faut-il conclure de là que la partie au sud de l'Atlas soit stérile? Loin de là. La Tunisie centrale renferme plus d'un élément de richesse. La zone de l'intérieur est peu productive, il est vrai, elle est entrecoupée de petites montagnes et la plupart des tribus émigrent vers le sud, à époque fixe; mais la zone qui s'étend de l'embouchure du Bagla dans le lac Kelbiah jusqu'à Gabès, si elle est peu propre aux céréales, en revanche, grâce à quelques cours d'eau peu étendus sans doute et dont certains naissent et meurent dans la région du littoral comme le Menfès, le Laya, le Hambdun, le Djemel, le Beni-Hassen, le Chefar, grâce, disons-nous, à ces timides oueds, cette zone, connue sous l'appellation de *Sahel,* convient admirablement à la culture des arbres : on y voit dans les creux des collines, sur les revers des montagnes et aux abords des villages de véritables forêts d'oliviers se prolongeant de la côte jusque dans l'intérieur.

Il n'y a que la Tunisie méridionale, comprenant l'*Arad*[1] et le *Sahara tunisien* ou bassin des *lacs Salés*[2], qui soit aride, et encore l'est-elle beaucoup moins qu'on ne l'avait longtemps supposé, car on y récolte des fruits particulièrement beaux. C'est, en effet, là surtout que prospère le dattier, cet amant des terres chaudes, disons mieux des terres brûlantes, ce fils du désert, sa seule patrie; il est là si bien chez lui, qu'on a surnommé une partie de cette région *Beled-el-Djerid, le pays des dattes*. Le fait est qu'il y en a beaucoup et qu'elles sont estimées et réputées au loin.

1. Partie du littoral comprise entre Gabès et la frontière tripolitaine.
2. Appelés par les indigènes *Sebkhas* ou *Chotts,* lacs temporaires.

Les figues du Beled-el-Djerid sont aussi les plus renommées de toute la Barbarie.

La Tunisie méridionale est le terrain des oasis, elles y abondent.

La première que l'on rencontre en venant de Kairouan, après être passé dans les petites localités de Sbitla, Kas-

Dattes.

ryn et Feriana, est celle de Gafsa, située au pied du Djebel-beni-Younès. Y compris les villages environnants, Gafsa renferme à peu près cinq mille habitants; son territoire est couvert de palmiers, d'oliviers, de figuiers, d'arbres à fruits de toutes sortes. A l'est de Gafsa, au pied du Djebel-Orbata, sont les oasis d'El-Guettar où les Hammama, grande tribu nomade, viennent camper tous les automnes. Les populations des oasis de Gafsa et d'El-Guettar sont sédentaires.

De Gafsa à Hamma (soixante-dix kilomètres), on ne trouve pas de lieux habités : l'oasis d'Hamma, qu'on atteint en descendant la vallée de l'Oued-Baïach, a une population d'environ quinze cents âmes répartie en quatre villages, dont le plus considérable est celui de Nemelet. C'est à ce point que la vallée s'ouvre pour donner entrée aux plaines sablonneuses qui s'étendent vers le sud[1].

Au sud d'Hamma et sur le rivage du chott el Djerid, on rencontre, en allant de l'ouest à l'est, les oasis de Nefta, de Touzer et d'Oudian. L'oasis de Touzer est la plus belle du Sahara tunisien; si l'on peut s'exprimer ainsi, elle est peuplée de trois cent cinquante mille palmiers, et d'environ dix mille habitants. Les deux autres oasis sont un peu moins considérables : celle de Nefta ne compte que huit mille habitants, et celle d'Oudian, six mille.

Le chott el Djerid a environ cent vingt kilomètres de longueur sur une largeur variable ; ce lac salé n'est, du reste, comme toutes les sebkhas, qu'un terrain très bas où se réunissent les eaux des torrents et qui est presque partout à sec au moment de la saison chaude. Le parcours en est très dangereux pour ceux qui ne connaissent pas les passes[2].

Le chott el Djerid sépare le pays des Nefzaoua des diverses oasis que nous venons d'indiquer. Le pays des Nefzaoua est un archipel d'oasis qui contient une quarantaine de villages, pour la plupart environnés d'un mur avec un fossé. Cette contrée renferme près de trois cent

1. La nature a fourni aux habitants du Sahara un moyen rapide de traverser les déserts. Monté sur le méhari, l'Arabe, après s'être enveloppé les reins, la poitrine et les oreilles pour se garantir du simoun, franchit comme l'éclair les espaces brûlants.

2. V. plus loin le projet du commandant Roudaire.

Une oasis de palmiers buissonneux.

mille palmiers et une population de dix-huit mille habitants, qui pourraient fournir six mille combattants [1].

Ainsi donc, à l'exception de quelques déserts peu étendus, la Tunisie ne comprend que des terres bien arrosées, où les arbres atteignent des hauteurs vertigineuses, où toutes les productions du sol abondent, surtout les céréales.

Cette fertilité exceptionnelle ne date pas d'aujourd'hui.

Déjà, du temps de la vieille cité punique, cette contrée était célèbre par sa fécondité. Diodore de Sicile [2] décrit dans ces termes la fertilité des environs de Carthage, au moment de l'invasion d'Agathocle : « Le pays était le lieu du monde le plus délicieux et le plus agréable à la vue. On voyait de tous côtés d'immenses prairies, entrecoupées de nombreux ruisseaux et couvertes de troupeaux de bœufs et de moutons ; des haras de chevaux que nourrissaient les gras pâturages des marais ; des maisons de campagne bâties avec une magnificence extraordinaire ; de belles avenues plantées d'oliviers et d'autres arbres fruitiers ; des jardins d'une vaste étendue et entretenus avec un soin et une propreté qui charmaient le regard. »

Ce qui frappe Polybe, c'est la quantité innombrable de chevaux, de bœufs, de moutons et de chèvres : « Il y en a tellement, dit-il, que je ne sais si l'on pourrait en trouver autant dans tout le reste de l'univers [3]. »

Strabon, lui, parmi tant de productions admirables, est tenté de les admirer toutes. Cependant, c'est la vigne et le blé qui excitent le plus son étonnement, qui provoquent presque son incrédulité :

1. V. *Revue militaire de l'étranger*.
2. Liv. XX, ch. VIII.
3. Liv. XII, ch. Ier.

« Le pays, dit-il dans un endroit[1], fournit une espèce de vigne tellement grosse, que deux hommes ont de la peine à en embrasser le tronc et que les grappes mesurent tout près d'une coudée. »

Et en parlant des moissons :

« Dans quelques cantons, la terre porte deux fois l'an et l'on y fait deux récoltes, l'une en été, l'autre au printemps. La tige du blé y atteint une hauteur de cinq coudées et une grosseur égale à celle du petit doigt, l'épi y rend deux cent quarante pour un. Au printemps, on ne prend pas la peine d'ensemencer la terre de nouveau, on se contente de la sarcler avec des épines de paliures liées en bottes, et les grains tombés des épis pendant la moisson suffisent comme semailles et donnent une pleine récolte en été. »

Pline n'est pas moins émerveillé par cette prodigieuse fécondité. Il y revient à plusieurs reprises :

Le territoire de la Byzacène, dit-il au livre V, ch. III, région de deux cent cinquante milles de circuit, est d'une fertilité incomparable : les céréales y rendent cent pour un. »

Et ailleurs, au livre XVIII, ch. XXI : « Un boisseau de blé semé dans le terroir de la Byzacène, en Afrique, en produit jusqu'à cent cinquante. L'intendant de l'empereur Auguste lui envoya de cette province un pied de froment d'où sortaient près de quatre cents tiges, chose à peine croyable, toutes provenues d'un seul grain : nous avons encore des lettres relatant ce fait. L'intendant de Néron, lui envoya de même trois cent soixante tiges de froment nées aussi d'un seul grain. »

Tout le monde sait d'ailleurs que l'*Afrique propre* fut

1. Liv. XVII, ch. III.

autrefois le grenier de l'Italie : c'est de là que Rome tirait ses blés, ses olives, ses fruits.

Et non seulement la fertilité proverbiale de l'Afrique est attestée par les auteurs anciens, mais encore on la trouve symbolisée dans les médailles carthaginoises et romaines que le temps a respectées et qui sont parvenues jusqu'à nous

Sur une médaille carthaginoise en argent, on peut voir une tête de Cérès couronnée d'épis, allusion certaine à la fécondité du sol africain en céréales.

Médaille de Carthage en argent. — Tête de Cérès couronnée d'épis.

Une médaille d'Adrien nous représente l'Afrique[1] sous les traits d'une femme couchée qui tient dans sa main droite un scorpion et dans sa main gauche une corne d'abondance remplie de fleurs et de fruits. La dépouille d'un éléphant forme sa coiffure et elle a devant elle une corbeille avec des épis. On ne saurait résumer plus ingénieusement toutes les productions de l'Afrique.

Mais un pays riche ne l'est qu'à demi, si les débouchés lui manquent. Les débouchés n'ont jamais manqué à la

1. Les Romains appelaient *Afrique* les pays compris entre la grande Syrte et l'Atlantique.

Tunisie. Il suffit de jeter les yeux sur une carte du bassin de la Méditerranée pour être convaincu que les relations commerciales de cet État avec les régions méridionales de l'Europe ont dû exister dès la plus haute antiquité. Loin d'être un obstacle aux communications du commerce entre les deux continents, la mer qui les sépare offrait, au contraire, aux Européens comme aux Africains, une voie facile et un véhicule commode pour les denrées et les marchandises, dont leurs besoins réciproques réclamaient le mutuel échange.

Placées en face l'une de l'autre, Marseille et Carthage

L'Afrique. — Médaille d'Adrien.

étaient les deux centres principaux de ces échanges habituels, auxquels l'une fournissait les productions territoriales de la Gaule, auxquels l'autre apportait toutes les richesses de l'Afrique centrale, et même celles de régions plus lointaines, explorées par les marines phénicienne et punique.

Sur la ligne de son trajet, la marine commerciale des deux contrées trouvait des points intermédiaires, tels que la Sicile, la Sardaigne, la Corse et même les îles Baléares, dont les golfes et les promontoires, si multipliés, leur offraient presque à chaque instant de la navigation, soit des ports de relâche, soit des abris assurés contre la violence des vents et des tempêtes.

« Il y eut dans les premiers temps, dit Montesquieu, de grandes guerres entre Carthage et Marseille. Après la paix, elles firent concurremment le commerce des colonies. » Tant qu'elle resta debout, Carthage fut la reine des mers ; elle éclipsa non seulement Marseille, mais même sa métropole, Tyr, la première école du monde, la ville la plus renommée pour le commerce. Son vaste empire colonial s'étendait à toutes les régions connues ; il était répandu sur toutes les côtes de l'Afrique, de la Sicile, de la Sardaigne et de la Corse, de la Gaule, de l'Espagne, et jusque sur les rivages du grand Océan. On ne peut le comparer ni à celui des Anglais ni à celui des Espagnols en Amérique, formé de possessions compactes ; mais plutôt à l'empire des Portugais ou des Hollandais dans les Indes orientales, composé d'une longue chaîne de forts et de comptoirs. « Les Carthaginois ne s'établissaient point dans leurs colonies sans espoir de retour. C'était la partie pauvre du peuple qu'on y envoyait, pour l'enrichir par les profits soudains d'un négoce tyrannique, et qui se hâtait de revenir dans la mère patrie jouir du fruit de ses rapines ; à peu près comme aux XVIe et XVIIe siècles les négociants d'Amsterdam, ou comme aujourd'hui les nababs anglais. Il y avait des fortunes soudaines, colossales, des brigandages et des exactions inouïs, des Clives et des Hastings, qui pouvaient se vanter aussi d'avoir exterminé des millions d'hommes par un monopole plus destructif que la guerre[1]. »

Carthage n'entreprenait des expéditions que dans l'espoir de trouver des mines à exploiter ou pour ouvrir des débouchés à ses marchandises ; elle s'établit partout à main armée, mêlant la conquête au commerce, fondant

1. Michelet, *Hist. rom.*

des comptoirs malgré les indigènes, leur imposant des droits et des douanes, les forçant tantôt d'acheter et tantôt de vendre. Jamais tyrannie mercantile ne fut plus oppressive.

Jamais non plus cité ne fut plus jalouse de son monopole. Elle faisait noyer tous les étrangers qui trafiquaient en Sardaigne et vers les Colonnes d'Hercule. Dans les traités d'alliance qu'elle concluait avec les autres peuples, elle ne manquait jamais d'introduire une clause interdisant le négoce dans les possessions carthaginoises. On la trouve notamment, et formulée à peu près dans les mêmes termes, dans les cinq traités passés avec les Romains. A titre de curiosité, nous transcrivons les deux premiers, de beaucoup antérieurs aux guerres puniques :

« *Entre les Romains et leurs alliés, et entre les Carthaginois et leurs alliés, il y aura alliance à ces conditions : ni les Romains ni leurs alliés ne navigueront au delà du Beau Promontoire, s'ils n'y sont poussés par la tempête, ou contraints par leurs ennemis : en cas qu'ils y aient été poussés par la force, il ne leur sera permis d'y rien acheter ni d'y rien prendre, sinon ce qui sera précisément nécessaire pour le radoubement de leurs vaisseaux ou le culte des dieux; ils en partiront au bout de cinq jours. Les marchands qui viendront à Carthage même ne payeront aucun droit...* »

Ce traité est du temps de L. Junius Brutus et de Marcus Horatius, les deux premiers consuls qui furent créés après l'expulsion des rois. Le Beau Promontoire dont il y est question, c'est celui de Carthage ou le Ras el Zebib, qui regarde le nord; les Carthaginois ne veulent pas que les Romains aillent au delà vers le midi, sur de longs vaisseaux, de crainte sans doute qu'ils ne connaissent les campagnes qui sont aux environs du Byzacium et de la

Vue de Tunis.

petite Syrte, et qu'ils appellent les Marchés, à cause de leur fertilité.

Le second traité est identique au premier, sauf quelques légères additions. En voici les termes :

« *Entre les Romains et leurs alliés, et entre les Carthaginois, les Tyriens, ceux d'Utique, et les alliés de tous ces peuples, il y aura alliance à ces conditions : les Romains n'iront point en course, ils ne trafiqueront pas, ils ne bâtiront pas au delà du Beau Promontoire, de Mastie et de Tarseion...; dans la Sardaigne comme dans l'Afrique, ils n'y pourront aborder que pour prendre des vivres, ou pour radouber leurs vaisseaux; s'ils y sont portés par la tempête, qu'ils partent au bout de cinq jours; dans la Sicile carthaginoise et à Carthage, un Romain pourra faire ou vendre tout ce que peut un citoyen.* »

Il y eut depuis, au moment de la descente de Pyrrhus, avant que Carthage songeât à la guerre de Sicile, un autre traité avec les mêmes restrictions.

Enfin on retrouve les mêmes réserves dans le traité qui finit la première guerre punique. Carthage y est principalement attentive à se conserver l'empire de la mer; elle déclare qu'elle ne souffrira pas seulement que les Romains se lavent les mains dans les mers de Sicile; elle leur défend de naviguer au delà du Beau Promontoire, de trafiquer en Sicile, en Sardaigne, en Afrique, excepté à Carthage, exception qui fait voir qu'on ne leur y préparait pas un commerce avantageux.

C'est par ces moyens que Carthage accrut sa puissance et son commerce, et par son commerce ses richesses : elles étaient incomparables. La riche ville du Soleil (Baal) était tout éblouissante du luxe et des arts étranges de l'Orient. Là se rencontraient l'étain de la Bretagne, le cuivre de l'Italie, l'argent d'Espagne et l'or d'Ophir, l'encens de Saba et l'ambre des mers du Nord, l'hyacinthe et la pourpre de Tyr, l'ébène et l'ivoire de l'Éthiopie, les épiceries et les perles des Indes, les châles des pays sans nom de l'Asie, cent sortes de meubles précieux mystérieusement enveloppés. La statue de Baal[1], toute en or pur, avec les lames d'or qui couvraient son temple, pesait, dit-on, vingt mille talents; celle de Moloch, également en or, en pesait mille, le temple de ce dieu était aussi recouvert de lames d'or; enfin le temple de la déesse Astarté offrait le même étalage de magnificence.

Après la destruction de Carthage, Marseille, presque son égale, lui succéda dans la suprématie du commerce méditerranéen; c'est elle qui alla exploiter avec les plus grands avantages les productions des côtes barbaresques, dont elle inondait ensuite la Gaule et l'Italie. Seule, dans le commencement, pour cette exploitation, elle eut bientôt comme rivales Narbonne, Montpellier, Arles, Agde, Toulon, Antibes, Fréjus, surtout Barcelone et les autres villes de la Catalogne littorale; elle finit pourtant par les éclipser et reconquérir cette suprématie qu'on avait un instant essayé de lui enlever.

Depuis lors, sa prépondérance sur toutes les côtes barbaresques et particulièrement dans la partie occidentale du bassin de la Méditerranée ne fit que grandir. Les relations commerciales furent bien, de temps à autre, interrompues, notamment sous Barberousse, mais jamais longtemps, et sous Charles IX elles devinrent assez importantes pour qu'en 1564 ce roi crût nécessaire d'accréditer un consul français à Tunis, depuis plusieurs siècles déjà et encore aujourd'hui le centre commercial de la régence.

1. V. Tite-Live, liv. XVI, ch. v.

Un bazar à Tunis.

C'est, en effet, dans les bazars de Tunis qu'affluent les produits de l'Europe, de l'Asie et de l'Afrique.

L'Europe y est représentée par Marseille, Venise, Trente, Trieste, Livourne, Gênes, la Sicile, Malte, la Morée, Alicante, Constantinople;

L'Asie par Smyrne;

L'Afrique par Alexandrie et les cargaisons des caravanes.

Avec l'Afrique les opérations commerciales se font en grande partie par les frontières, par l'Algérie, la Tripolitaine et le Soudan, contrées limitrophes; avec les autres parties du monde, elles se font presque exclusivement par la Méditerranée.

Le commerce d'exportation comprend les objets suivants : blé, orge, haricots, huile d'olive, cire, miel, cuirs, plumes d'autruche, laines, bonnets, châles, dattes, savons, éponges, corail.

Les importations consistent en marchandises venues des quatre coins du monde, comme fer, cuivre, plomb, mercure, clous, bois de construction, bois de teinture, soieries, cotonnades, mousselines, toiles fines, draps, laines, horlogerie, articles manufacturés, alun, vitriol, épiceries, sucre, café, papier, vin, liqueurs spiritueuses, opium, tabac.

Rien que cette simple énumération donne une idée de l'activité commerciale qui règne dans la capitale de la régence. L'esprit de l'ancienne Carthage semble planer encore sur ces lieux si longtemps témoins de sa puissance.

Sans avoir les proportions de la vieille cité punique, Tunis n'est plus un simple hameau comme autrefois : c'est aujourd'hui non seulement la capitale de la Tunisie, mais, après le Caire, la ville la plus peuplée de l'Afrique connue. Elle compte plus de cent mille habitants, arabes, juifs, maures ou maltais.

Cette ville est bâtie sur les rampes d'un coteau fort doux, entre deux lacs salés, le Sedjoumi, à l'ouest, véritable chott peu profond et sans communication avec le golfe, l'El Bahyrah ou Petite Mer, à l'est, plus vaste et plus profond, communiquant avec la Méditerranée par un canal étroit, appelé la Goulette, œuvre non de la nature, mais de l'homme, des Phéniciens probablement.

Le canal de la Goulette, de douze mètres de largeur, partage en deux la petite ville de même nom située sur l'étroite langue de terre qui sépare l'El Bahyrah de la mer. La partie nord où l'on voit la gare, la casbah et le palais du bey, forme la ville proprement dite ; dans la partie sud se trouve l'arsenal de la marine. Un pont de bateaux est jeté sur le canal, débouché naturel de l'El Bahyrah sur la Méditerranée.

Une jetée garantit le chenal contre la mer. Reliée avec la casbah et pourvue d'un fort épaulement maçonné, elle constitue une batterie de quarante pièces environ, destinée à défendre l'entrée du chenal et à battre la route de Carthage au nord.

La rade de la Goulette est bornée au nord par le cap Carthage, à l'est par la presqu'île du cap Bon, et au sud par la plaine d'Hamman-Lif et de Soliman. Elle est abritée des vents du nord-ouest, mais elle est peu sûre par les vents du nord-est. L'entrée du chenal est difficile, sinon impossible par les gros temps.

Le service entre la Goulette et Tunis par le lac se fait avec de grandes barques montées par des Arabes. En outre, ces deux villes sont reliées l'une à l'autre par une voie ferrée et une très bonne route qui contourne le lac

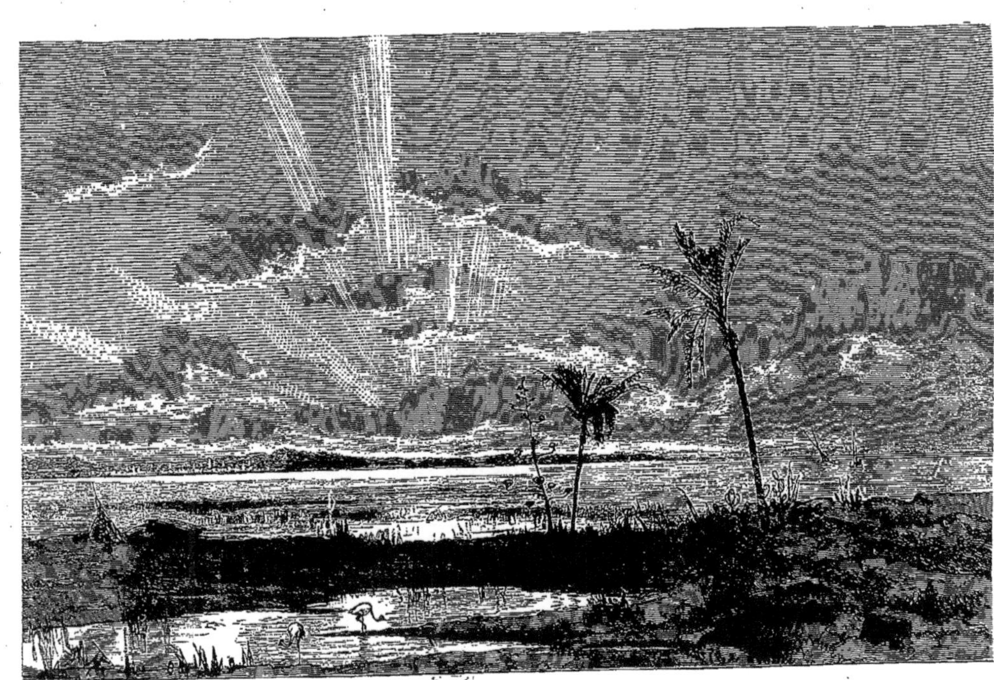

El Bahyrah.

et laisse sur la droite le palais de la Marse, ainsi qu'une quantité de villas ravissantes.

La Goulette augmente de plus en plus chaque année; elle compte maintenant près de dix mille habitants.

Elle sert de port à Tunis, et c'est par là presque exclusivement que se fait tout le commerce d'importation et d'exportation, qui, nous l'avons vu, est des plus actifs.

Le port de Tunis.

En 1874, il a été importé à la Goulette pour vingt millions de marchandises, et il en a été exporté pour neuf millions, à peu de chose près. Dans ces chiffres, la France figure à l'importation, où elle arrive en tête, pour plus de huit millions, et à l'exportation pour trois millions.

Mais la Goulette et Tunis ne sont pas les seuls marchés de la régence. Sans avoir une importance aussi grande, Bizerte, Porto Farina, Hammamet, Sousse, Sfax et Gabès tiennent un rang honorable dans le trafic tunisien. Ce ne sont, à vrai dire, que des villes secondaires, dont les maisons traitent pour le compte de celles de Tunis, mais elles n'en méritent pas moins, chacune d'elles, une place à part.

L'antique Hippo-Zarytos des Phéniciens, que les Grecs

La Goulette.

appelaient Diarrhytos et les Romains Zarytus ou Bizerta, que les Arabes appellent aujourd'hui Benezert, est une jolie petite ville de quatre à cinq mille habitants, située sur la côte septentrionale de la régence, entre la mer et deux grands lacs. C'était autrefois le meilleur port marchand de l'Afrique. Placée sur la limite d'une région agricole des plus fertiles, elle lui servait de débouché naturel; on y faisait d'immenses achats de céréales. Mais depuis la décadence de l'agriculture en Tunisie sous les beys, cette branche de commerce est morte. Aujourd'hui Bizerte reçoit plus qu'elle ne donne, et malgré les avantages d'une position incomparable, elle n'a presque plus aucun rapport avec le monde européen. La seule ressource qui lui reste encore est la pêche.

Le lac de Bizerte, dit M. de Crozals[1], est remarquablement poissonneux; sa réputation de richesse est déjà vieille. Léon l'Africain écrivait[2] : « A l'entour du lac sont assis plusieurs villages, habitations de pêcheurs... Dedans le lac se pêche du poisson en grande quantité, principalement des *dorades,* qui pèsent cinq et six livres; et, passé le mois d'octobre, l'on prend une infinité d'une espèce de poissons que les Africains appellent *giarafa,* les Romains *laccia,* et les nôtres *alouze,* parce que par les pluies l'eau s'adoucit, qui la fait monter dans le lac peu profond, et dure la pêche jusqu'à l'entrée du mois de mai; alors ce poisson commence d'amaigrir ni plus ni moins que celui qui se prend dans le fleuve prochain de Fez. » Marmol dit également[3] : « On pêche force *alozes* dans le lac, à cause que l'eau se rend douce par les pluies, et la pêche dure depuis le commencement de novembre jusqu'à la fin d'avril. On y prend aussi de grandes *dorades,* qui pèsent cinq ou six livres, et plusieurs autres bons poissons qu'on débite par la contrée. » Les lacs de Bizerte n'ont rien perdu de leur remarquable fécondité depuis deux ou trois siècles. Faut-il prendre au

1. *Revue de géographie,* décembre 1881.

2. *De l'Afrique,* par Léon l'Africain, traduction de Jean Temporal; Paris, 1830; vol. II, p. 29.

3. Marmol, *l'Afrique,* trad. de Nicolas Perrot, sieur d'Ablancourt; Paris, 1667, 3 vol. in-4°, vol. III, p. 437.

sérieux la nomenclature donnée par Edrisi, « véritable et parfait calendrier de pisciculture, » dit Barth, d'après lequel les lacs fourniraient, suivant les mois, douze espèces de poissons particulières ? La question serait à étudier. Mais la pêche est encore aujourd'hui la principale et la plus lucrative des industries locales. Barth dit que « la pêche est affermée chaque année pour une somme qui atteint presque trente mille thalers ». Les produits sont dirigés principalement sur Tunis ; on les transporte chaque soir à dos d'âne ou de mulet dans la capitale de la régence, où ils sont très estimés. A Bizerte même, pendant les mois d'août et de septembre, on enlève les œufs des mulets ou muges pour les saler et les sécher.

L'appareil avec lequel on prend le poisson est semblable à la *bourdigue* ou *pesquière* de Provence. C'est une digue en jonc et en osier, assujettie des deux côtés par des pierres, et formant comme des chambres ou cages dans lesquelles le poisson, entraîné par le courant, s'engage par bandes et reste captif. Ces bourdigues ont un développement total de plus de six cent mètres.

La pêche est donc la seule industrie qui reste maintenant à Bizerte ; toutes les autres ont fini par tomber, surtout l'industrie agricole.

Mais l'ancienne Hippo-Zarytos n'était pas le seul entrepôt maritime pour le transport des blés sur la côte septentrionale : il y avait aussi Ruscinona. Tite-Live nous apprend [1] que cette ville était voisine d'Utique et son nom indique qu'elle était tyrienne comme Utique ellemême. En effet, le mot *ruscinona*, en langue phéni-

1. Liv. XXX, ch. x.

cienne, signifie promontoire des vivres et en particulier du blé. La dénomination moderne et italienne de Capo Farina n'est que la traduction littérale de ce mot. A la primitive Ruscinona aurait donc succédé la petite ville actuelle de Porto Farina, que l'on aperçoit au milieu de jardins magnifiques, dans un territoire fertile et bien planté.

Nous n'avons parlé jusqu'à présent que des ports de la côte septentrionale. Sur la côte orientale, on remarque d'abord, à l'entrée du golfe du même nom, Hammamet, petite place maritime, de deux mille habitants. Hammamet est à une faible distance, par terre, du golfe de Tunis; mais elle en est séparée par le massif du Zaghouan, aux crêtes arides, aux formes rudes et tourmentées qui laissent une impression indescriptible de grandeur et de majesté. Les communications se font, le plus souvent, par mer, en contournant le cap Bon.

Au sud du même golfe, sur une colline couverte d'oliviers et dans une situation des plus pittoresques entre l'oued Laya, d'un côté, et l'oued Hambdum, de l'autre, s'élève la moderne Sousse, qui correspond à l'ancienne Adrumète (*Hadrumetum*), où débarqua le glorieux Annibal, venant d'Italie pour combattre Scipion. Adrumète était une cité d'au moins cent mille habitants, tandis que Sousse, qui est pourtant le chef-lieu d'un des districts les plus peuplés de la régence, en compte à peine sept mille. Ses opérations commerciales consistent en grains, huiles, savons, laines, cuirs, poterie.

A vingt kilomètres au sud de Sousse est la riche Monastir, située à l'extrémité d'une presqu'île; c'est une ville maritime de six mille âmes avec un mouillage suffisant, qui pourrait, moyennant quelques travaux, devenir un assez bon port, où dès maintenant les navires ancrés en face de Sousse vont se réfugier par les gros temps[1]. On y fabrique des lainages et des camelots.

De Monastir, à travers quelques localités sans nom, on arrive à Mehadia, ville de sept mille habitants, aux abords charmants, sur les ruines de Thapsus, si mémorable par la victoire de César. Mehadia, pendant le moyen âge l'un des ports les plus fréquentés par les flottes chrétiennes, peut à peine aujourd'hui rivaliser avec Monastir.

Après Mehadia, le littoral ne présente plus de localités intéressantes jusqu'à Sfax, à l'entrée de la petite Syrte.

Sfax est une des places les plus importantes de la Tunisie; sa population s'élève à dix mille âmes. Tout autour de la ville s'étend une zone sablonneuse de trois kilomètres, au delà de laquelle est une zone plus large, qu'on nomme les jardins de Sfax. Ces jardins, non moins remarquables par leur étendue que par la variété de leurs produits, sont des carrés, des enclos ceints de barrières de cactus, où, côte à côte avec les oliviers, croissent les amandiers, les pistachiers, les cédratiers, les figuiers et les palmiers, à l'ombre et au pied desquels viennent les céréales, qui sont avec l'huile et les dattes l'objet d'un commerce si productif.

En face de Sfax, à deux ou trois lieues de la côte, dont elles sont séparées par un canal parsemé d'écueils, se trouvent les îles Karkenah; l'une d'elles, Cercina, servit autrefois de refuge à deux grands infortunés, Annibal et Marius. Le sol de ces îles est une roche presque nue, qui n'offre d'autre végétation que des palmiers, dont les

1. Sousse n'a pas de port. Le navire doit mouiller à un kilomètre environ de la côte.

fruits, joints au poisson, constituent la principale nourriture des malheureux habitants.

Une partie de la région comprise entre Mehadia et Sfax n'est qu'un pays de parcours pour les nomades des tribus Métellits et Souassis. On voit leurs tentes un peu partout, dans les creux, dans les gorges, sur les pentes des hauteurs, en un mot dans tous les endroits qui conservent un peu de fraîcheur. Pendant les chaleurs, ils se tiennent sur la montagne ; aussitôt les pluies venues, ils descendent avec leurs troupeaux dans la plaine où ils fusionnent avec les habitants sédentaires, d'origine berbère comme eux. Leur centre principal est le misérable village d'El-Djem, qui a succédé à l'antique Thysdrus et dont les maisons ont été construites avec les débris de son cirque colossal[1].

Au delà de Sfax, la côte toujours basse s'enfonce un peu à l'ouest pour former le golfe de Gabès, que les anciens appelaient la Petite Syrte[2]; puis, jusqu'à Gabès, aucun village qui mérite d'être mentionné.

Gabès s'épanouit au fond du golfe de même nom. Ce fut jadis, sous le nom de Tacape, un des plus fameux *emporia* phéniciens; c'est aujourd'hui un groupe de magnifiques oasis où les jardins sont bien entretenus, où l'on cultive la vigne et des arbres fruitiers de toutes sortes. Elle exporte surtout des dattes et du henné. La population ne dépasse pas huit mille âmes.

De Gabès à la frontière de la Tripolitaine, on ne rencontre plus que de petits villages tels que Djerif, en face de l'île Zerbi ou Djerba.

L'île Djerba, d'une assez vaste étendue et peuplée

1. *Revue de géographie*, septembre 1883, article du Dr Rouire.
2. D'après le Dr Rouire, le nom de *Petite Syrte* devrait s'appliquer au golfe de Hammamet et celui de *Grande Syrte* au golfe de Gabès.

d'environ trente mille habitants, est réputée pour l'excellence de ses huiles; c'est l'ancienne Meninx ou terre des *Lotophages*; chantée par Homère[1]. Du temps de Strabon, les lotos abondaient encore dans l'île et y donnaient des fruits délicieux[2].

Ainsi donc, la Tunisie est admirablement favorisée sur ses côtes. De larges échancrures s'ouvrent sur la Méditerranée à la descente de chacune de ses vallées. Ses grandes cités marchandes, Bizerte, Tunis, Hammamet, Sousse, Sfax, Gabès sont parfaitement échelonnées sur son littoral. Et elles sont en relations commerciales non seulement avec le monde européen, mais encore avec les autres villes de la régence, notamment avec Beja, Mateur, El Kef et Kairouan.

Beja comprend environ quatre mille habitants. C'est un des marchés les plus courus de la Tunisie. Elle est assise au milieu d'un territoire agricole très renommé pour la beauté et l'abondance de ses céréales. L'oued Beja, le cours d'eau de son nom, est formé par la réunion de plusieurs torrents dont les vallées sont toutes parfaitement cultivées.

La ville est bâtie en amphithéâtre, sur le versant d'une haute colline plantée d'oliviers. D'un aspect très pittoresque, vue du dehors, elle est loin d'être aussi séduisante à l'intérieur avec ses maisons en ruines, ses rues étroites et ses ruelles infectes. Comme toujours, la casbah occupe le point culminant.

Par sa situation à l'entrée des montagnes khroumires, par sa liaison très directe et très rapprochée avec la vallée de la Medjerda, Beja paraît indiquée comme devant

1. *Odyssée*, IX, 84.
2. Strabon, liv. XVII, ch. XVII.

jouer un rôle dans toute expédition ayant pour but la soumission du pays montueux des Khroumirs.

Comme Beja, Mateur se trouve au centre d'un pays riant et fertile. C'est la ville la plus marquante du nord-est de la Tunisie. Elle est dominée par un mamelon, le Djebel-Hellela, et contournée par l'oued Mateur, à qui elle a donné son nom. On y fait un commerce de denrées assez actif.

El Kef est une ancienne cité romaine. Son aspect, au milieu de la verdure et des montagnes boisées, est imposant. Elle apparaît ainsi comme le véritable nid des aigles et semble dominer la contrée par son importance et sa majesté.

Au nord d'El Kef est le village de Nebeur, au milieu de beaux jardins et de nombreuses plantations d'oliviers.

La population d'El Kef, de six à sept mille habitants, peut être évaluée à trente-quatre mille avec celle de la vallée de l'oued Mellègue. Il se tient dans cette ville un marché très animé. C'est le plus considérable de la Frignia [1], dont elle est en quelque sorte la capitale pour la région supérieure.

El Kef sert de lieu de rendez-vous aux principaux chefs religieux des provinces de l'ouest. Elle passe pour la cité la plus fanatique de la régence, après Kairouan.

Kairouan est bâtie à quelques centaines de mètres de l'oued Marcuelil et de l'oued Zéroud, au nord et non loin de la Sebkha Sidi-el-Hani, sur un monticule qui domine une immense plaine inculte, sablonneuse et aride. A voir les ruines dont elle est couverte ou entourée, débris de réservoirs, de murs, de monuments, de villages en-

1. On désigne ainsi toute la partie de la Tunisie arrosée par la Medjerda et l'oued Mellègue.

tiers ; à voir même ses habitants, pèlerins, marabouts, derviches, tous à mine sépulcrale, surtout les femmes avec leurs voiles impénétrables et leurs burnous noirs qui ressemblent à des linceuls, on dirait une cité morte. Et cependant Kairouan est une ville des plus vivantes, grâce à son commerce et à son industrie : commerce de dattes, de cuirs et de peaux ; industrie de châles, de burnous, de couvertures et de bonnets. C'est un centre manufacturier, un lieu de dépôt, voire de recel pour certaines tribus nomades, notamment pour les Zlass et les Hammama qui y apportent le fruit de leurs rapines. L'écoulement des marchandises se fait par Sfax, Sousse et Tunis.

Point d'intersection de toutes les grandes routes qui coupent la Tunisie, soit du nord au sud, soit de l'est à l'ouest, Kairouan est destinée à devenir avant longtemps le plus vaste entrepôt de la Tunisie méridionale.

Pour achever de donner une idée de ce pays, disons deux mots de son climat.

« La Numidie et la Maurusie, affirme Strabon, jouissent notoirement, elles et leurs alentours, du climat le plus tempéré, en même temps qu'elles possèdent les plus belles eaux, les eaux les plus abondantes. »

En effet, le climat tunisien est fort agréable, et, sur quelques points, particulièrement le long de la côte orientale, délicieux. C'est à Sousse, à Monastir et à Mehadia que « les Romains ne mouraient que de vieillesse ». A la Goulette, le thermomètre dépasse rarement, en été et à l'ombre, 22° Réaumur. A Tunis même, le climat abondamment ventilé par les brises marines, est loin d'être malsain pour les Européens. Les seules journées fatigantes dit M. Bertholon [1], sont celles où souffle le sirocco.

1. *Revue de géographie*, septembre 1882.

Les effets déprimants de ce vent sont trop connus pour que nous en parlions. L'hiver, la température est rarement froide. On n'est incommodé que les jours où le vent du nord, passant sur les cimes neigeuses du Zaghouan, vient à se faire sentir.

Avec tous ces dons de la nature, la Tunisie ne pouvait qu'être l'objet de toutes les convoitises ; sa fertilité, son commerce et sa position sur la Méditerranée expliquent suffisamment la série d'incursions dont ce pays a été le théâtre depuis les temps les plus reculés jusqu'à nos jours, et même de nos jours.

CAUSES DE L'EXPÉDITION FRANÇAISE

En effet, il y a deux ans à peine, c'est encore les Français qui envahissaient la Tunisie, moins toutefois pour s'en emparer que pour empêcher les autres de s'y établir.

Depuis 1684, époque où cet État s'était rendu indépendant, la Porte avait maintes fois essayé de le ramener à sa soumission directe et de transformer le bey en simple pacha.

Jusqu'en 1830, aucune nation européenne ne s'était inquiétée de ses projets. Mais, après la conquête de l'Algérie, la France, dans l'intérêt et pour la sécurité de sa nouvelle colonie, dut sérieusement s'en préoccuper : elle ne pouvait plus rester indifférente à la question de domination politique dans un pays qui, ayant avec l'Algérie cinq cents kilomètres de frontière commune, était vraiment la clef de sa grande maison africaine ; il ne pouvait plus lui être égal que la régence tombât entre les mains de la Turquie : au lieu d'un voisin faible et intéressé, comme le bey de Tunis, à vivre en bons rapports avec nous et à graviter autour de notre arbitre, nous aurions eu sur notre frontière orientale l'empire ottoman lui-même avec ses prétentions persévérantes, non seulement sur Tripoli mais encore sur Alger. Dans cette situation, le moindre incident, une inimitié de tribus errantes, une violation non préméditée de territoire, eût suffi pour amener les complications les plus graves et mettre le feu aux poudres. Un voisin comme la Porte, si faible qu'elle fût, eût été un danger, surtout par les démêlés européens qu'elle aurait pu au besoin susciter. Un voisin comme le bey ne pouvait jamais être bien redoutable, étant donné qu'il serait toujours facile, en cas d'écart, de le faire promptement rentrer dans le devoir.

C'est ce que, dès le premier jour, avec une clairvoyance qui les honore, nos hommes d'État comprirent, en faisant du maintien au trône de la dynastie régnante, de l'établissement de la prépondérance française à Tunis et de l'exclusion de l'étranger les trois principes en quelque sorte invariables de notre politique en Tunisie.

La monarchie de Juillet était tellement pénétrée de ces vérités qu'elle ne laissa jamais porter atteinte au *statu quo* et qu'elle s'opposa constamment aux vues ambitieuses de la Porte qui, sous un prétexte quelconque, tentait toujours de prendre pied à côté de nous, surtout depuis qu'elle avait reconquis la Tripolitaine.

La Porte, en 1835, avait remis la main sur ce pays; cette reprise de possession était entrée dans le droit européen, et, prenant goût à la chose, à chaque émotion populaire, à chaque conspiration de palais, à chaque rébellion des tribus dans la régence, la Porte, toujours aux aguets et toujours prête, mettait sa flotte en campagne et menaçait la Tunisie du sort de la Tripolitaine[1]. Quant à la France,

1. Jules Ferry, Discours prononcé dans la séance du 5 novembre 1881.

elle opérait, avec la même régularité, un mouvement en sens inverse. M. Guizot, dans ses mémoires[1], a résumé en quelques lignes la politique persistante du gouvernement de Juillet dans l'Afrique du nord :

« Presque chaque année, dit-il, une escadre turque sortait de la mer de Marmara pour aller faire sur la côte tunisienne une démonstration plus ou moins menaçante... Mais nous voulions le maintien du *statu quo*, et chaque fois qu'une escadre turque s'approchait ou menaçait d'approcher de Tunis, nos vaisseaux s'approchaient de cette côte avec ordre de protéger le bey contre toute entreprise des Turcs. »

La politique du second empire fut de tout point conforme à celle du gouvernement de Juillet sur cette question délicate.

Voici, par exemple, une dépêche de M. Drouyn de Lhuys, adressée au mois de mai 1864 à M. de Moustier, alors ambassadeur à Constantinople. A ce moment, la régence était en feu ; une insurrection formidable, sous les coups de laquelle la dynastie manqua de s'écrouler, y avait éclaté quelques mois auparavant, et la Porte, suivant son usage, avait laissé paraître des desseins d'intervention. Mais l'ambassadeur de France à Constantinople était allé au-devant du péril ; il avait interpellé Ali-Pacha, un des grands politiques ottomans de cette époque, et lui avait hautement déclaré qu'en raison des intérêts spéciaux résultant pour nous du voisinage de la Tunisie, la France ne permettrait jamais à la Porte ni à personne de mettre la main sur ce territoire. Et il avait clos cet entretien par ces mots aussi clairs que pittoresques : « Il faut quelque chose entre la Porte et la

1. *Mémoires pour servir à l'histoire de mon temps*, t. VI, chap. XXVII.

France, et si la Tunisie n'existait pas, il faudrait l'inventer. »

Telle fut donc la doctrine du gouvernement impérial, en cela, nous l'avons dit, absolument identique à celle du gouvernement de Juillet.

La politique du gouvernement de la république n'a été ni moins constante ni moins absolue, repoussant toute ingérence étrangère.

En 1871, après nos malheurs, la Porte crut le moment favorable pour réaliser ses desseins; elle déchaîna sur l'Algérie une insurrection formidable, à la faveur de laquelle elle comptait mettre la main sur Tunis, mais elle n'en eut pas le temps : le soulèvement fut trop vite réprimé. Elle dut ajourner ses espérances. La guerre de 1877 avec la Russie, loin de les éteindre, ne fit que les rallumer. Le sultan, ayant perdu à cette époque une partie de ses provinces d'Europe et d'Asie, voulut chercher une compensation équivalente en Afrique, dans la possession de la régence. Pour arriver à son but, il fit appel à la plus redoutable des influences, pour ne pas dire des passions, à la passion religieuse. Héritier de Mahomet, successeur des califes, *l'ombre* même de Dieu, il mit en œuvre le levier puissant de la religion pour soulever contre nous le monde islamique, pour embraser tout le nord de l'Afrique, du Sahara aux rives de la Méditerranée, des confins du Maroc aux bords du Nil. Son action se fit sentir à la fois sur les divers points de cette vaste étendue, au nord comme au sud, à l'est comme à l'ouest. Elle se révélait par des faits patents, certains, croissant tous les jours en gravité, aussi bien par le massacre de Saïda que par celui de la mission Flatters, aussi bien par le massacre réitéré des Pères Blancs que par les entreprises du califat à Constantinople, aussi bien par la profonde agitation qui régnait dans l'Islam que par les envois incessants de troupes turques en Tripolitaine et par les encouragements donnés à tous les réfugiés tunisiens, qui venaient chercher un asile dans le pachalik. Ce réveil du fanatisme musulman était des plus redoutables, et les agissements du Grand Seigneur menaçaient d'étendre l'incendie jusqu'alors circonscrit dans la province d'Oran. Néanmoins le gouvernement de la république n'eût pas entrepris l'expédition tunisienne, s'il n'avait eu à combattre que les menées de la Porte. Mais un danger plus pressant venait d'ailleurs.

Du côté de la Manche ?

Non. L'Angleterre n'ayant en Tunisie aucun intérêt spécial n'avait aucune raison pour nous y supplanter. Et pour ce qui est des privilèges commerciaux de ses sujets, elle savait qu'ils seraient, en tous cas, respectés par le gouvernement de la République française.

Mais une nation jeune, remuante, exigeante envers la fortune, qui jusqu'alors lui avait prodigué les plus hautes faveurs, voulait, en dépit du passé et des services reçus, établir en Tunisie sa prépondérance en face de la nôtre, porter la main sur notre suprématie traditionnelle, et, par l'organisation du protectorat économique de la régence, préparer la conquête future de ce pays. De grands souvenirs, de grands noms et de grands rêves semblaient d'ailleurs la pousser invinciblement sur cette côte tunisienne si riche, si illustre et si tentante, que ses ancêtres avaient glorifiée de leur sang et fécondée par leur travail. Cette nation, c'était l'Italie.

Il n'y a pas, en effet, un seul coin de la Tunisie où Rome n'ait laissé les traces encore visibles de sa domination, de sa puissance et de son génie, qui n'ait été foulé par ses légions triomphantes, qui n'ait été remué par la pioche ou la pelle de ses soldats élevant des villes ou des forteresses, creusant des aqueducs, ouvrant des voies nouvelles, accomplissant en un mot tous ces travaux grandioses dont les restes nous frappent encore d'admiration. Oui, sans doute, par les souvenirs, la Tunisie est une terre italienne: là, près de l'ancien promontoire d'Apollon [1](*promontorium Apollinis*), c'est Utique[2], où Caton se donna la mort de désespoir; à sa gauche, entre le *candidum promontorium*[3] et le *pulchrum promontorium*[4], c'est Zarytus[5], si renommée par son commerce de blé; à sa droite, c'est Carthage elle-même, jetée à bas par Scipion Émilien et relevée par Auguste; ici c'est Tunis dont le rôle fut si considérable pendant les guerres puniques; à huit kilomètres de Tunis, entre l'El Bahyrah et la mer, c'est Adis[6], sur une hauteur, où Regulus battit les Carthaginois; à huit kilomètres d'Adis, ce sont les *Aquæ calidæ*[7], ou établissement d'eaux thermales, si fréquenté autrefois et même de nos jours; presque à la pointe de la presqu'île, sous le *promontorium Hermæum* ou *Mercurii*[8], Aquilaria[9], dont les grottes, délicieuse habitation des nymphes, où mille ruisseaux entretenaient la plus agréable fraîcheur, furent, d'après Virgile, visitées par Énée, lors de sa descente en Afrique, et plus tard, tout porte à le croire, par le poète lui-même[10]; au sud-est du même promontoire, c'est Clypea[11] (l'Aspis des Grecs), ainsi nommée de la colline sur laquelle elle était située, qui avait la forme d'un bouclier; sur le *sinus neapolitanus*[12], tout à fait à l'entrée, c'est Neapolis[13], qui lui

1. Capo Farina. — 2. Tout près de la moderne Porto Farina. — 3. Cap Blanc ou Ras-el-Abiad. — 4. Ras-el-Zebib que certaines cartes (V. p. 52) placent par erreur dans le golfe de Carthage. — 5. Bizerte. — 6. Rhadès. — 7. Hamman-Lif. — 8. Cap Bon. — 9. Louaréah. — 10. V. *Én.*, liv. Ier. — 11. Kelibia. — 12. Golfe de Hammamet. — 13. Nabel.

donne son nom, et tout à fait au fond, c'est Hadrumetum[1], qui vit Annibal à son retour d'Italie et qui le reçut après Zama; plus bas, toujours sur la côte, c'est Thapsus[2], où César étouffa le parti pompéien; puis, dans la partie septentrionale de la petite Syrte[3], c'est Cercina[4] qui, servit de refuge à Marius; dans l'intérieur, presque au fond de la Tunisie, c'est Capsa[5], la célèbre forteresse de Jugurtha et en remontant vers le nord, au milieu de vastes champs d'alfa, c'est Zama[6], où s'écroula sous les coups de Scipion, avec un fracas épouvantable, la fortune d'Annibal, disons mieux, la puissance de Carthage; enfin, en revenant vers la mer, c'est Thysdrus[7] remarquable par son cirque, aux proportions gigantesques, laissant bien loin derrière ceux de Nîmes et de Pouzzoles, venant immédiatement après celui du Colisée, et bien plus haut, sur le penchant d'une des montagnes les plus élevées de la régence, au centre d'un frais vallon fertile et bien arrosé, où l'air est si pur et si salutaire, c'est Zeugitanus[8], dont les eaux alimentaient les fameux aqueducs qui se prolongeaient de là jusqu'à Carthage, à travers la vallée de l'oued Miliana et de ses nombreux petits affluents.

C'est au milieu de tous ces souvenirs, c'est sur les ruines des deux Carthages, dans ce coin de l'Afrique si connu par ses ressources naturelles, que l'Italie voulait fonder une colonie nouvelle rappelant la gloire et les richesses de l'ancienne. Le rêve était beau. Avoir aussi son

1. Sousse. — 2. Mehadia. — 3. Golfe de Gabès. — 4. Ile Kerkeni. — 5. Gafsa. — 6. Zouarin.

7. El Djem, village arabe du Sahel, de douze cents âmes environ, au centre d'un pays qui fut autrefois le grenier de Rome, et qui encore de nos jours est un des coins les plus fertiles de la Tunisie.

8. Zaghouan.

Algérie ! Qui l'en empêcherait ? Cette terre n'était-elle pas une terre perdue, qui lui avait appartenu et qui devait lui revenir ? N'était-elle pas à ses portes ?

Strabon dit[1] « qu'un homme ayant la vue excellente pouvait, des bords de la Sicile, compter les vaisseaux qui sortaient du port de Carthage ».

La distance n'est pas, en effet, très grande. De Palerme à la Goulette, il n'y a qu'un jour de mer, ce qui représente un trajet de trente à quarante lieues. Du cap Spartivento, en Sardaigne, et du promontoire de Lilybée, en Sicile, on peut apercevoir, par les temps clairs, Bizerte, avec ses murailles éblouissantes, le cap Blanc, dont la masse éclatante tombe dans la mer, et le cap Bon, le plus septentrional de l'Afrique, qui s'avance vers la Sicile comme pour lui donner la main.

Oui, l'Italie est voisine, très voisine de la régence, mais la France algérienne en est plus voisine encore ; la Tunisie est le prolongement naturel de l'Algérie : géographiquement parlant, le Tell tunisien est une dépendance du plateau de Constantine ; les eaux coulant de ce plateau, entre Soukaras et Tebessa, descendent par les vallées tunisiennes à la mer. D'un autre côté, l'Atlas tunisien continue l'Atlas algérien, de même que les plateaux de Tunis continuent celui de Constantine.

En outre, la France n'est pas non plus sans avoir son passé dans la régence. Tunis fut le but de la dernière croisade ; c'est au siège de cette place que saint Louis mourut de la peste, en 1270, et l'on voit encore, à quatre kilomètres environ de la Goulette, sur l'emplacement même de l'antique Byrsa, la chapelle élevée en 1841 au saint roi par ordre de Louis-Philippe.

1. Liv. VI.

D'ailleurs, si l'influence d'un pays sur un autre ne se mesure pas seulement au nombre des nationaux qui y résident, mais à l'importance des intérêts engagés, la France est sans rivale possible en Tunisie.

C'est facile à établir.

Nous avons, par l'Algérie, cinq cents kilomètres de frontière commune avec la régence.

Sur les cent vingt-cinq millions qui constituent sa dette, près de cent millions se trouvent entre des mains françaises.

Nous avons, depuis deux siècles, le privilège exclusif de la pêche du corail sur toute l'étendue des côtes, de Tabarca aux confins de la Tripolitaine.

Nous avons les postes et les télégraphes.

Nos nationaux possèdent pour plus de cinquante millions de piastres de propriétés.

Le mouvement du commerce français à Tunis est de beaucoup supérieur à celui des autres nations.

Nous avons deux cents kilomètres de voie ferrée déjà construits, traversant les plaines les plus fertiles, et les mettant en communication directe avec Tunis et l'Algérie.

Nous en avons autant de concédés, et les dernières concessions comportent l'établissement d'un port à Tunis, auquel aboutiront tous les chemins de fer construits ou à construire, et qui deviendra, par là même, le centre et l'entrepôt d'un commerce autrement considérable qu'il ne l'est aujourd'hui.

Enfin la restauration de l'ancien aqueduc de Carthage, qui amène à Tunis l'eau du Zaghouan, a été accomplie par des capitaux, des entrepreneurs et sous la direction d'ingénieurs français.

Et la création d'une banque de crédit, qui a considérablement abaissé le taux de l'intérêt et qui facilitera le développement de l'agriculture, du commerce et de l'industrie, est encore une création française[1].

Eh bien, tous les sacrifices que la France s'est imposés depuis cinquante ans pour ce pays, afin de l'élever au niveau de la civilisation,

Les intérêts multiples et considérables de nos nationaux qui y sont établis,

Le vaste programme de grands travaux d'utilité publique déjà accomplis ou à accomplir,

La sécurité de nos frontières dont dépend dans l'avenir la conservation de notre colonie algérienne,

Tout cela nous empêchait d'admettre la prépondérance d'une autre puissance, quelle qu'elle fût, sans excepter l'Italie. Et l'Italie voulait être prépondérante.

Cependant, jusqu'aux premiers mois de 1880, rien n'était venu troubler l'accord des intérêts français et des intérêts italiens dans la régence; jusque-là, du côté de l'Italie, de ses agents et de ses nationaux, aucune prétention n'avait surgi qui pût porter ombrage à l'influence française; le premier choc eut lieu à l'occasion du monopole des lignes télégraphiques dans la régence.

Ce monopole avait été concédé à la France par les conventions du 24 octobre 1859 et du 19 avril 1861, en retour des dépenses qu'elle avait faites pour organiser le réseau télégraphique en Tunisie. On l'avait toujours respecté. C'est au printemps de 1880 que l'Italie s'avisa d'y porter atteinte, en demandant la pose d'un câble sous-marin entre la Sicile et les côtes tunisiennes, avec employés italiens et bureaux italiens à Tunis même. Le

1. Adresse de la colonie française à M. Roustan, ministre plénipotentiaire, chargé d'affaires de la République française (14 mars 1881).

gouvernement français ne s'opposait pas à la pose du câble, mais il s'opposait, comme étant la violation formelle de notre monopole, à l'établissement d'un bureau des télégraphes italien avec personnel italien. Au contraire, c'est au bureau italien, plus qu'au câble, que tenait le gouvernement italien. Etait-ce une rencontre fortuite, un caprice consulaire, une suggestion de l'intérêt privé? Non; l'inspiration gouvernementale était manifeste : c'était le premier acte d'une politique nouvelle. Il ne resta pas isolé. En effet, au même moment, avril 1880, survenait l'affaire de Bône-Guelma [1].

Qu'est-ce que cette affaire?

M. Jules Ferry nous l'apprend dans son discours du 9 novembre 1881, en réponse à celui de M. Clémenceau : « A deux pas de nos possessions africaines, dit-il, à la porte de l'Algérie, qui nous a coûté si cher à conquérir, voilà une ligne de chemin de fer qui s'établit, qui est concédée, allant de Tunis à la frontière algérienne.

« Après 1871, quand l'influence française est à bas dans la régence, elle est concédée à une compagnie anglaise, cette ligne qui deviendra essentiellement, selon les mains dans lesquelles elle se trouvera, une ligne de pénétration dans nos possessions ou une ligne de défense. Le bonheur veut que la compagnie anglaise ne puisse pas faire face à ses engagements : elle abandonne la ligne, la concession est périmée. Sous l'impulsion, à la prière du gouverneur de l'Algérie, l'honorable général Chanzy, qui a attaché son nom à cette affaire, qui y a consacré tout ce qu'il avait en lui d'énergie et de volonté, il se rencontre une petite compagnie d'intérêt local, formée au capital de douze millions, dans la province de Constantine, la

1. *Les Affaires de Tunisie*, par Alfred Rambaud, p. 195.

compagnie de Bône-Guelma, qui consent à reprendre l'affaire à son compte; par l'influence du gouvernement français, par son action directe, elle obtient la concession du gouvernement beylical. Ce fut là un coup de fortune pour la France! »

La construction du chemin de fer de Ghardimaou à Tunis ou de la Medjerda était d'un intérêt national si puissant que la Chambre de 1876-1877 vota en faveur de la compagnie concessionnaire de Bône-Guelma une garantie d'intérêt de 6 pour 100. Restait le tronçon de Tunis à la Goulette destiné à faire suite au chemin de la Medjerda. Il était de notre intérêt de ne pas le laisser tomber dans des mains étrangères. La compagnie de Bône-Guelma l'acheta de la compagnie anglaise en déconfiture, mais grâce aux intrigues de M. Maccio, consul d'Italie à Tunis, le juge anglais refusa de ratifier le contrat, cependant en bonne et due forme : la loi donne, paraît-il, ce droit au juge anglais, comme protecteur et tuteur des compagnies par actions, *company limited;* la ligne ayant été mise aux enchères, la compagnie italienne Rubattino l'emporta. « L'Italie se réjouissait de cette victoire, » dit quelque part un homme d'État italien, M. Peruzzi. En effet, le prix excessif payé par M. Rubattino, l'importance d'un sacrifice pécuniaire hors de toute proportion, soit avec la valeur industrielle de cette petite ligne, soit avec les ressources personnelles de l'adjudicataire, révélaient suffisamment le patronage gouvernemental qui, bientôt après, se découvrait, sans plus de façons, par le vote d'une garantie de 6 pour 100 accordée par le Parlement italien, sur l'initiative du gouvernement.

« Le ministère français, qui n'eût voulu voir dans cette pointe hardie poussée dans nos affaires qu'un phénomène de libre concurrence, eût été accusé de sottise ou de trahison. La distinction est facile à faire entre les entreprises d'intérêt privé et celles qui se rattachent au do-

M. Maccio, consul d'Italie à Tunis.

maine public ; entre les affaires particulières, qu'il faut laisser, en Orient comme ailleurs, au libre débat, au libre effort des intéressés, et les grandes entreprises d'utilité publique : les chemins de fer, les ports, les lignes télégraphiques, etc., dont l'État ne se désintéresse en aucun pays, parce qu'elles sont partout, et en pays oriental plus qu'ailleurs, fonctions intégrantes de l'État. Disputer à la France une partie quelconque de la grande ligne stratégique qui relie Tunis à la frontière algérienne, émettre la prétention d'établir dans la régence à côté de l'administration des lignes télégraphiques françaises une administration et un service télégraphiques italiens, c'était manifestement porter la main sur notre suprématie traditionnelle, modifier à notre détriment le *stàtu quo* politique, entrer de vive force en partage de ce haut protectorat économique, exercé depuis longtemps par la France sur les finances et sur la dette de la régence, sur ses voies ferrées, sur ses travaux publics : véritable démembrement de la souveraineté locale, que la puissance protectrice ne peut partager avec aucune autre, à moins qu'elle ne lui reconnaisse des intérêts et des droits égaux aux siens, comme avaient fait, avant l'expédition d'Égypte, la France et l'Angleterre, en organisant le protectorat économique du gouvernement égyptien [1]. »

Je sais que cette égalité des intérêts et des droits était la thèse même de l'Italie dans la régence; mais c'est une thèse que le gouvernement français, qui avait à répondre de la sécurité de l'Algérie, ne pouvait admettre sans trahison. Le gouvernement était alors présidé par M. de Freycinet. « En présence de ces hardiesses italiennes, M. de Freycinet n'hésita ni sur la réalité du péril, ni sur la nécessité de la défense. Il fit face à l'assaut dès la première heure. Il fit savoir au gouvernement italien, avec autant de décision que de franchise, comment il enten-

1. *Les Affaires de Tunisie,* par Alfred Rambaud, p. 196.

dait et limitait le domaine réservé de l'influence française en Tunisie. En même temps, il prescrivait à son ambassadeur à Londres d'attirer l'attention du gouvernement britannique sur les difficultés qui pouvaient naître des prétentions nouvelles de l'Italie[1]. » C'est l'objet de la démarche de M. Léon Say, rapportée dans la dépêche suivante de lord Granville, du 17 juin 1880 :

Le comte Granville à lord Lyons,

17 juin 1880.

(*Blue Book* de 1881.)

« Milord, le 9 de ce mois, l'ambassadeur de France m'a entretenu de la question tunisienne. Son Excellence m'a dit que les intérêts de la France en Afrique ne lui permettaient pas de rester indifférente à rien de ce qui pourrait affecter la condition de la régence. Suivant elle..., le gouvernement français verrait de mauvais œil les tentatives qui seraient faites par d'autres puissances pour établir dans ce pays leur prépondérance. »

Il était impossible de prendre, en présence d'un conflit naissant, dont les conséquences pouvaient être si graves, une attitude plus digne, plus loyale et plus franche.

Le gouvernement italien n'a jamais pu se faire la moindre illusion sur le sentiment que la France avait de son droit et sur sa résolution de le défendre. Pendant tout l'été de 1880, le gouvernement français répéta auprès du cabinet de Rome les démarches et les avertissements. Comme le disait excellemment l'amiral Jauréguiberry, ministre des affaires étrangères durant l'absence de M. de Freycinet, dans une dépêche du 1er septembre 1880 :

1. *Les Affaires de Tunisie*, par Alfred Rambaud, p. 197.

« Dans l'échange de vues auquel a donné lieu entre les gouvernements de France et d'Italie l'affaire tunisienne, nous n'avons cessé de déclarer avec la plus entière sincérité que nous ne sommes animés d'aucun sentiment hostile *contre les entreprises privées des Italiens en Tunisie,* et que si nous sommes forcés de nous tenir fermement sur la défensive *en présence de tentatives susceptibles de modifier à notre détriment le* statu quo *politique dans la régence,* il n'est jamais entré dans nos vues d'y combattre sur le terrain du commerce et de l'industrie des particuliers le développement normal des concurrences étrangères[1]. »

Tel était le programme de M. de Freycinet, tel fut celui de M. Barthélemy Saint-Hilaire. Le cabinet du 23 septembre 1880, qui eut l'honneur de défendre ce programme et de le faire définitivement prévaloir, ne s'en écarta pas un seul instant. Toute son activité fut purement défensive. De concession d'affaires nouvelles, il n'en sollicita ni appuya aucune ; aucune entreprise privée italienne ne le trouva sur son chemin. Mais il ne lâcha pied ni sur le monopole télégraphique, ni sur les chemins de fer concédés. C'est là précisément que, dès le printemps de 1880, les Italiens avaient mis le siège. L'année s'était écoulée en marches et contre-marches, en travaux d'approche. Mais, dès les premiers jours de 1881, on donnait l'assaut. Sans l'autorisation du gouvernement beylical et au mépris de ses injonctions formelles, la compagnie Rubattino établissait une ligne télégraphique sur son chemin de Tunis à la Goulette[2]. Bientôt après, elle portait ses poteaux télégraphiques en dehors de la gare de

1. *Livre Jaune,* de 1881, n° 168.
2. *Id.,* n°s 179, 180, 181, 182.

Tunis et jusqu'au canal de la Marine (22 mars 1881), sans que le gouvernement français pût opposer à une usurpation aussi manifeste autre chose qu'une protestation impuissante, tandis que le consul général d'Italie obtenait du Bardo l'ordre de suspendre les travaux de la ligne de Tunis à Sousse, dont la compagnie de Bône-Guelma était concessionnaire [1], pour favoriser la résurrection frauduleuse d'une concession italienne depuis longtemps éteinte et périmée [2].

Dans le même temps, la polémique du *Mostakel,* dont on ne saurait nier la filiation directe avec le consulat d'Italie, depuis la publication du dossier *Bokhos,* redoublait de violence contre la France; des manifestations antifrançaises se préparaient, sous le prétexte de l'arrivée à Palerme de S. M. le roi d'Italie; le conflit politique touchait à la note aiguë; ce n'était plus des intérêts particuliers, c'était la suprématie économique et politique, c'était l'autorité morale dans la régence qui faisait l'enjeu de cette partie, conduite avec tant de vigueur et, en définitive, avec tant de succès par les agents de l'Italie, approuvée évidemment par le cabinet de Rome, passionnément suivie et bruyamment encouragée par la presse italienne tout entière [3]. Il n'était que temps d'aviser. C'est alors, pour couper court à des menées si nuisibles à nos intérêts et si dangereuses pour notre prestige, que le gouvernement de la république décida l'expédition tunisienne.

Mais cette expédition a eu d'autres causes que les pro-

1. 5 avril 1881, *Livre Jaune,* n°s 191, 195, 196, 206, 209, 211, 213. — Notre consul général, M. Roustan, avait obtenu pour cette compagnie le monopole des chemins de fer de la régence.

2. La concession accordée à Mancardi en 1872.

3. *Les Affaires de Tunisie,* par Alfred Rambaud, p. 198 et 199.

jets menaçants ou les vues ambitieuses de la Turquie et de l'Italie.

D'abord l'état même de la régence. « La régence était devenue le refuge naturel, quotidien de tous les fauteurs d'insurrection en Algérie; la régence était l'entrepôt naturel, quotidien d'immenses envois d'armes et de poudre qui allaient armer les bras des tribus rebelles dans nos possessions algériennes[1]. »

Ce double danger est signalé dès 1871 dans la plupart des dépêches de nos chargés d'affaires à Tunis.

CONTREBANDE DES ARMES ET DE LA POUDRE.

Le vicomte de Botmiliau, chargé d'affaires de France à Tunis, à M. Jules Favre, ministre des affaires étrangères.

Tunis, 11 mai 1871.

« J'ai eu plusieurs fois occasion de signaler au département l'importance que tend à prendre la contrebande de la poudre dans la régence, dès que la tranquillité intérieure de l'Algérie est menacée. Elle a, comme nous devions nous y attendre, redoublé d'activité dans ces derniers temps...

« La poudre est importée de Malte, sous pavillon étranger, débarquée de nuit et transportée immédiatement chez des receleurs... »

1. Discours prononcé par M. Jules Ferry dans la séance du 5 novembre 1881.

Dépêche de M. de Vallat au duc de Broglie du 29 octobre 1873.

Tunis, octobre 1873.

« Quelques Algériens qui se disent marchands se joignent toujours aux indigènes originaires de l'Oued-Souf qui partent chaque année de Tunis pour aller faire la récolte des dattes dans le Sahara algérien.

« Ces marchands, ou soi-disant tels, sont pour la plupart des Kabyles algériens faisant partie du corps de milice tunisienne dit des Zouaouas ; bien qu'ils achètent en Algérie quelques étoffes qu'ils apportent avec eux à leur retour en Tunisie, ce ne sont en réalité que des contrebandiers qui se rendent en Algérie pour y faciliter l'introduction et la vente de la poudre et des armes.

« Voici de quelle manière ils procèdent : à leur entrée sur le territoire algérien, avec la caravane tunisienne du Djerid, ces individus, qui ont déjà connaissance de l'existence sur un point déterminé d'un dépôt de poudre cachée dans les sables, se mettent en communication avec les gens de leur tribu qui les attendaient. Ils reçoivent de ceux-ci un acompte sur la valeur de la poudre qu'ils doivent leur livrer et ils les conduisent alors au lieu où elle est cachée ; après la livraison, ils reçoivent le solde du prix de vente.

« Ils emploient une partie de l'argent qu'ils ont reçu en payement de la poudre qu'ils ont livrée, à acheter des étoffes et d'autres produits de l'Algérie, avec lesquels ils rentrent dans la régence, passant ainsi pour de paisibles marchands. Il en est qui font plus d'une fois dans une année ce genre d'opération.

« La traite des armes se fait de la même manière et

par des indigènes de la même classe. Toutefois les armes sont introduites en Algérie par un point de notre frontière plus au nord. Ces armes proviennent généralement de Tunis où leur vente n'est soumise à aucun contrôle et n'est assujettie au payement d'aucune taxe. En ce moment, les magasins de la ville regorgent d'armes dont la majeure partie sont d'origine belge. Les Arabes en achètent depuis quelque temps en quantités considérables et les emportent dans l'intérieur, d'où elles peuvent facilement pénétrer en Algérie.

« Il en a existé, dans des carrières peu éloignées de Constantine, un dépôt où les Arabes allaient s'approvisionner lors de la dernière insurrection (1871).

« La contrebande en grand de la poudre se fait actuellement par la frontière sud-est de la Tunisie.

« Des speronares maltaises, chargées de poudre de fabrique anglaise et provenant de Malte, abordent à l'île de Gerbi ou sur un autre point du golfe de Gabès, entre la ville de ce nom et Gerbi ou Djerba. Là, des spéculateurs, soit maltais, soit italiens, traitent avec les capitaines de l'achat de leur cargaison. Les autorités tunisiennes, quand elles ne sont pas de connivence avec ces spéculateurs, les laissent faire avec la plus grande indifférence. Cependant, et pour sauver les apparences, le débarquement a lieu la nuit. La poudre est contenue dans de petits barils confectionnés à Malte ou en Angleterre. Ces barils sont emmagasinés à terre et vendus à des Arabes qui les expédient en Algérie : les fraudeurs s'entendent avec les tribus tunisiennes par le territoire desquelles ils transitent et dont ils achètent la protection à prix d'argent. La marche de Gabès ou de Gerbi au lieu de destination dure de trois à quatre jours, dans un pays sablonneux. Les fraudeurs pénètrent en Algérie par un pays aride, également sablonneux et favorable à la marche des chameaux, situé non loin de l'oasis de l'Oued-Souf.

« Arrivés en terre algérienne, ils enfouissent leur baril dans le sable en attendant les acheteurs, et ils maraudent généralement jusqu'à ce qu'ils aient tout vendu. De là, la poudre est répandue dans la province de Constantine et même dans celles d'Alger et d'Oran.

« Pour donner une idée de la quantité de poudre qui est importée de la Tunisie en Algérie par cette voie, on mentionne ici ce fait que, l'an dernier, un convoi ne s'étant pas entendu avec les Arabes et ayant été pillé par ceux-ci, le pays en fut inondé. C'est de cette même poudre anglaise, introduite comme il vient d'être dit, qu'ont fait usage les tribus de l'Oued-Souf dans leur dernier mouvement insurrectionnel. »

Les mêmes faits sont dénoncés dans une autre dépêche de M. de Vallat au général Chanzy, gouverneur général de l'Algérie :

Tunis, le 19 décembre 1873.

« M. le gouverneur général, je suis informé qu'un convoi d'armes a pu pénétrer, il y a deux semaines environ, dans la province de Constantine, par un point de la frontière dans le cercle de Tébessa.

« J'aime à espérer que les confidences que j'ai reçues à ce sujet exagèrent le nombre de ces armes, car on ne le porte pas à moins de 10,000 batteries, pour me servir de l'expression arabe. Elles consisteraient en fusils et en pistolets, partie de fabrication française et partie de fabrication belge.

« La caravane qui en a effectué le transport est partie de Tunis pour Kairouan, faisant par conséquent fausse-route, et comme si elle était à destination du sud-est de la régence et de la Tripolitaine au lieu de l'être en réalité pour l'Algérie. De Kairouan elle s'est dirigée sur Tébessa en coupant la régence en travers.

« Je ne m'explique pas comment cette caravane, qui devait être assez nombreuse, a pu pénétrer sur notre territoire sans que nos autorités sur la frontière en aient eu connaissance. Mais ce qui est plus grave, c'est que, d'après ce qui est rapporté, les armes dont il s'agit ont été déposées à quelques kilomètres de Constantine, dans des carrières situées dans une localité qu'on me désigne sous le nom du Croup ou des Croups; elles y auraient séjourné pendant trois nuits, et c'est là que les Arabes, de connivence avec les importateurs, seraient venus les prendre pour les distribuer dans le pays... »

Loin de diminuer, cette contrebande prenait des proportions de plus en plus inquiétantes. Cette recrudescence dans l'importation et la vente d'armes de guerre est signalée par M. de Billing, dans une dépêche du 22 septembre 1874 :

« Je constate, dit-il, que, par Marseille même, il nous arrive ici des cargaisons entières de pistolets de guerre, expédiées par la maison Nunez; qu'à Tunis tout un quartier de la ville est adonné au commerce le plus actif d'armes destinées aux Arabes qui y affluent depuis quelque temps. De Tunis partent de grandes caravanes, chargées d'armes pour les populations de l'intérieur, et il n'est pas douteux aujourd'hui qu'un nombre considérable ne s'en introduise en fraude dans notre colonie. Quant à la poudre, j'ai eu déjà l'occasion d'en entretenir le département à maintes reprises... »

Voilà pour la contrebande des armes et de la poudre, pratiquée par tous les Algériens hostiles à la France, au vu et au su du gouvernement tunisien, inerte, impuissant ou complice.

Mais, en outre, la Tunisie était, comme nous l'avons dit, le refuge naturel, quotidien de tous les fauteurs d'insurrection. Kablouti, le chef de l'insurrection de Soukaras, y avait été accueilli à bras ouverts, comme il résulte de la dépêche suivante :

Le vicomte de Botmiliau à M. de Rémusat.

Tunis, octobre 1871.

« Le chef de l'insurrection de Soukaras, forcé d'évacuer le territoire algérien, où il a pillé et incendié nos villages, s'est remis entre les mains du gouverneur du Kef, Si Réchid, qui l'a fait partir pour Tunis. Il y est arrivé le 29 septembre, et le lendemain il a été recu par le bey au Bardo. Un certain nombre de spahis (on dit de cinquante à soixante), bien armés et bien montés, l'accompagnaient. Le bey lui aurait promis qu'il serait en sûreté en Tunisie et qu'il l'attacherait à son service.

« Kablouti m'est représenté comme un homme dangereux, capable de prendre un grand ascendant sur les populations arabes. Il importe de le mettre hors d'état de nous nuire de nouveau. Le bey m'avait déjà promis de l'interner à Tunis, avec défense d'en jamais sortir. Cette défense serait évidemment illusoire. *Que des troubles éclatent encore en Algérie, rien n'empêchera Kablouti d'y rentrer, et la police du bey elle-même serait probablement la première à lui en faciliter les moyens.*

« J'ai vu le bey ce matin et je me suis plaint vivement à lui de l'accueil qu'il a cru devoir faire à Kablouti. « Cet homme, ai-je dit à Son Altesse, est un rebelle qui,

« après avoir prêté serment de fidélité à la France, a « pris les armes contre elle quand elle a été malheu- « reuse, alors que son devoir, au contraire, était de « combattre pour elle, comme l'ont fait tant d'autres « Algériens. Pour nous, il n'est pas un ennemi, c'est un « criminel, justiciable de nos tribunaux. Je ne vous de- « mande pas cependant de me le livrer, car je suis sans « instructions, mais je demande que les armes et les che- « vaux de sa bande me soient remis. Ils nous appartien- « nent. Je demande en même temps que ses hommes « ne puissent pas sortir de Tunis. Votre Altesse n'ou- « bliera pas d'ailleurs que c'est à la tête de tribus tuni- « siennes, soulevées par lui, que Kablouti a franchi notre « frontière. Quand notre territoire a été violé, il l'a été « par les Arabes tunisiens. Nous serions en droit d'en « demander compte au gouvernement dont ils relèvent. »

« Le bey a cherché à se disculper de l'accueil fait par lui à Kablouti, en prétendant ne l'avoir reçu que pour lui adresser des conseils de prudence. Il ignorait, a-t-il ajouté, qu'il aurait dû être désarmé ; il se rend toutefois à ma demande et va donner ordre de me faire remettre les armes et les chevaux de Kablouti et de ses spahis. Ce n'est cependant qu'avec une hésitation visible qu'il m'a fait cette promesse et m'a autorisé à en informer le gouverneur général de l'Algérie. Je ne sais jusqu'à quel point elle sera bien religieusement observée. »

L'histoire de Kablouti est celle de tous les chefs insurgés auxquels la Tunisie a servi de refuge. Comme l'agha de Tuggurt, Ali-ben-Nasseur, il fut accueilli à bras ouverts, puis, sur les vives instances de M. de Botmiliau, expulsé par le gouvernement beylical (octobre 1871) qui le fit partir pour la Mecque. Mais cet exil dura peu. Kablouti rentre bientôt en Tunisie (juillet 1872), et cette fois il est embarqué pour Alexandrie. En 1874, Khérédine l'autorise à quitter l'Égypte, à la condition d'être interné dans la presqu'île de Soliman, ce qui ne l'empêche pas, selon M. de Billing (dépêche du 22 septembre 1874), de continuer ses menées hostiles avec le concours des chefs des ordres religieux qui se rendent de la Mecque en Algérie, et ne manquent pas de le visiter au passage. Il est d'ailleurs si mal surveillé qu'on le trouve, quelques mois plus tard, dans le voisinage de notre frontière algérienne. Sur la plainte portée par le général Chanzy, M. Roustan obtient du général Khérédine l'expulsion de Kablouti et d'Ali-ben-Nasseur ; on les embarque pour Malte (juin 1875), mais Kablouti reparaît, en 1878, dans le voisinage de la frontière sud de la Tunisie : il va dans la Cyrénaïque, au Djebel-Akhdar, un nid de fanatiques et de mécontents. De là il rentre clandestinement en Tunisie, gagne les environs de Teboursouk (1880), d'où il s'enfuit chez les Zlass, qui l'accueillent et le prennent sous leur protection. C'est là qu'au mois de septembre 1880, Kablouti est découvert dans une caverne où il se tenait caché depuis vingt-deux mois, arrêté et conduit à Tunis. Cette fois, le bey consent à ce que l'ancien caïd soit mis aux fers et détenu à perpétuité dans le fort de la Goulette, sous la surveillance du consulat général de France.

Kablouti, comblé de faveurs par le gouvernement français, n'avait pas seulement été avec l'agha de Tuggurt un des principaux chefs de l'insurrection de 1871, il y avait marqué par d'épouvantables atrocités : il avait fait brûler vifs des femmes et des enfants sur des chaises goudronnées [1].

Si telle était la faiblesse du gouvernement beylical en-

1. *Les Affaires de Tunisie*, par Alfred Rambaud, p. 159 et 160.

vers les chefs de l'insurrection, quelle ne devait pas être son indulgence pour le gros des insurgés, réfugiés sur son territoire ? En voici un exemple :

Le vicomte de Botmiliau à M. de Rémusat.

10 décembre 1871.

« Vous m'invitez à faire connaître au gouvernement du bey qu'un grand nombre d'insurgés de la province de Constantine, refoulés vers le sud, cherchent à atteindre la frontière, afin qu'il se mette en mesure de les désarmer à leur entrée sur son territoire. M. le général de Lacroix m'avait déjà télégraphié qu'une fraction des Oulad-Khelifas avait pénétré en Tunisie. J'en avais aussitôt informé le Khaznadar, qui m'avait promis de les obliger à rentrer en Algérie. Le Khaznadar, après avoir prétendu d'abord n'avoir aucune connaissance du fait que je lui dénonçais, a dû, peu de jours après, m'avouer que les Oulad-Khelifas étaient déjà au Sers, près des Drids. Ces indigènes n'ont pas été désarmés comme ils auraient dû l'être...

« J'ai témoigné au bey mon regret de l'accueil fait dans son pays à ceux qui se sont soulevés, qui se sont battus contre nous. « Ce n'est pas là, lui ai-je dit, un procédé de « bon voisinage, et dans ce moment surtout, quand nous « avons tant de motifs de plainte, il aurait dû être évité. »

« Le bey ne m'a répondu que par de vains mots et la promesse d'envoyer auprès des Oulad-Khelifas une personne chargée de les inviter à rentrer en Algérie. Il m'a répété ce que son ministre avait déjà dit à M. Fleurat, que, jusqu'à présent, il n'avait jamais été mis aucun obstacle aux migrations des tribus d'un pays à l'autre. Je lui ai fait observer qu'il y avait une différence radicale entre laisser, en temps de paix, des tribus algériennes passer la frontière, s'établir sur le territoire tunisien, et recevoir, sur ce même territoire, après une révolte sanglante, les hommes qui se sont battus contre nous et qu'on n'a pas même, cette fois encore, désarmés. »

Mais, non seulement la Tunisie était le refuge des insurgés, un foyer de contrebande de poudre et d'armes de guerre, c'était aussi un repaire de brigands et de malfaiteurs. En plein dix-neuvième siècle, en 1878, la régence était encore, sur sa côte du nord, dans un état de barbarie qui rappelait celui des anciens États barbaresques, au siècle dernier, ou au commencement de ce siècle, avant la prise d'Alger; en plein jour, sous les yeux des autorités musulmanes et beylicales, en présence de nos consuls impuissants, on y pillait un navire, *l'Auvergne* [1], capitaine Isnard, venant de Cette à destination de Bône et jeté par la tempête sur ces côtes inhospitalières.

Et voici, d'après le vice-consul de France à la Goulette, M. J. Cubisol, le bel état dans lequel on le laissait :

« Ce matin, vers huit heures, dit-il dans son rapport, je suis monté avec l'officier de marine, Bartolomeo Guigliani, à bord de *l'Auvergne*, qui offrait un aspect des plus tristes : les chambres, postes d'équipages, roufles, entreponts, cuisine, tout avait été non seulement saccagé, mais la boiserie de tous ces endroits avait été détruite à coups de hache et emportée. On ne voyait plus sur ce beau navire que ses quatre mâts déjà presque dégarnis de cordages. Aucune voile, aucun câble, ni haussière, ni grelin... Le nombre des pillards dépassait peut-être deux cents, en grande partie armés... D'après les renseigne-

1. Jules Ferry, Discours prononcé dans la séance du 5 novembre 1881.

ments donnés par de nombreux habitants de la localité, plusieurs cheiks étaient venus avec leur fraction de tribu, pour veiller qu'on ne leur fraudât rien de la part qui leur revenait. »

Quant aux naufragés, débottés et mis à nu, ils étaient obligés de gagner la Calle dans ce costume primitif.

Deux ans après, l'affaire du brick-goélette *le Santoni* venait se greffer sur celle de *l'Auvergne*.

Le Santoni, commandé par le capitaine Raffaelli et sept hommes d'équipage, tous d'origine corse, était parti d'Agde pour Santorin, le 23 avril 1880. Le navire portait un chargement de futailles vides. Dans la nuit du 27 au 28, il était à la hauteur de la Goulette, par le travers des rochers des Deux-Frères. Le vent avait soufflé toute la nuit avec violence, puis il s'était calmé, mais la mer était restée grosse et avait *drossé* le navire à l'embouchure de la Medjerda. Là, *le Santoni* avait touché sur des rochers.

L'équipage mit alors ses embarcations à la mer et put gagner la côte où il passa le reste de la nuit, abrité derrière un monticule.

Au jour, rassemblement d'indigènes à la vue des naufragés. On les entoura, en poussant de grands cris. On leur demanda s'ils étaient Français, assez significativement pour leur faire entendre que dans ce cas ils seraient massacrés.

L'idiome corse rendant la langue italienne facile à nos marins, Raffaelli déclara qu'il était Italien, ainsi que ses hommes.

Cette déclaration fut accueillie avec une méfiance extrême et une incrédulité manifeste.

Toutefois le capitaine ne cessant de demander à être conduit devant une autorité consulaire italienne, on finit par accepter sa proposition. Le lendemain il fut mené à Mateur.

En route on ne cessa de lui prodiguer des menaces et, lors de l'arrivée à Mateur, l'exaspération devint si grande, que, sans un Anglais et un Italien habitant la ville, Raffaelli eût été mis à mort sur-le-champ.

On le fit entrer dans une chambre où il fut interrogé par les deux Européens. L'Italien dit qu'à en juger par l'accent le capitaine n'était pas son compatriote.

Raffaelli se récria en disant que, si son accent n'était pas resté pur, cela tenait à ses voyages et à de longs séjours à l'étranger. Il nomma la rue de Livourne où il était né.

L'Anglais ayant proposé de faire écrire au capitaine une lettre en italien, celui-ci l'écrivit, et dès lors on ne douta plus qu'il n'eût dit la vérité.

Les dispositions de la foule changèrent aussitôt. On entoura le pseudo-Italien de toutes sortes de soins.

Le lendemain, des ordres du gouvernement tunisien étant arrivés, on conduisit le capitaine Raffaelli à Tunis.

Là, par mesure de prudence, il se rendit au consulat général d'Italie pour renouveler ses précédentes affirmations.

Dans la journée, après avoir pris connaissance de la situation, après s'être assuré que les Français n'avaient rien à craindre à Tunis, le capitaine Raffaelli se présenta au consulat de France pour y raconter tout ce qui s'était passé.

Les deux affaires de *l'Auvergne* et du *Santoni* ayant eu un retentissement européen sont connues de tout le monde, mais combien d'autres de moindre importance comme meurtres, vols, incendies, violations de frontières, sont passées inaperçues !

Les violations de frontières, de notre frontière française d'Algérie, se comptaient par milliers, et il s'agissait non pas de brigandages individuels, — ce qui est inévitable en pays arabe, — mais d'incursions faites par des bandes armées, de véritables attaques militaires, de véritables combats [1].

Il faut lire ce qu'écrivait à la date du 4 mars 1881, M. le chef de bataillon Vivensang, commandant supérieur du sercle de Soukaras, un vieil Africain, connaissant à fond les affaires de la frontière : « La frontière s'ouvrait plus que jamais devant des malfaiteurs. Les bandes armées renouvelaient, sur une échelle depuis longtemps inconnue, leurs violations de territoire, et ajoutaient à leur actif, en quelques mois et avec une audace inouïe, des centaines de vols [2] et plusieurs meurtres ; enfin deux individus des Oulad-Ali brûlaient les forêts dans le cercle de la Calle, et la tribu entière des Ouchtetas, mettant à exécution des menaces faites au printemps dernier, promenait la torche incendiaire sur toute la limite des Oulad-Diah, du cercle de Soukaras, et commettait dans nos richesses forestières des dégâts considérables [3].

« Ces Ouchtetas, en vrais sauvages, renouvelaient durant huit jours leur action criminelle et osaient encore, du haut des sommets, insulter nos milliers de travailleurs. »

En temps ordinaire, on aurait pu, par égard pour le bey, fermer les yeux sur bien des méfaits ; en temps ordinaire, on aurait pu, vis-à-vis d'un gouvernement ami, bienveillant, fidèle allié, passer l'éponge sur la plupart de ces

1. Jules Ferry, Discours prononcé dans la séance du 5 novembre 1881.

2. Ces vols portaient sur : 1,670 bœufs, 14 chevaux, 39 juments, 22 mulets, 8 ânes, 2,300 francs de rançons ou de valeur d'objets enlevés. (*Rapport du commandant Vivensang.*)

3. Les dégâts commis à nos forêts, soit dans le cercle de la Calle, soit dans le cercle de Soukaras, s'élevaient à 286,384 francs. (*Même rapport.*)

actes délictueux[1]. On ne le pouvait plus sans péril vis-à-vis d'un gouvernement plein de mauvais vouloir et qui répondait à nos demandes d'indemnité ou de réparation par des fins de non-recevoir, en s'efforçant d'atténuer et même de nier nos griefs, en prétendant que les coupables n'étaient pas des Tunisiens, mais des Algériens.

Et non content de nous éconduire, le gouvernement

Sidi-Mohammed-es-Sadok, ancien bey de Tunis, décédé le 28 octobre 1882.

de la régence émettait « la prétention de déplacer violemment la frontière à nos dépens, et de la reculer bien avant sur notre frontière, non seulement en face de Soukaras, mais jusqu'à la hauteur de Tébessa[2]. »

1. Jules Ferry, Discours prononcé dans la séance du 9 novembre 1881.

2. Dépêches de M. Roustan, chargé d'affaires de France à Tunis, 3 et 4 avril 1881; dépêche de M. Roy, agent consulaire de France au Kef,

Bien plus, prenant sans doute notre longanimité, notre générosité pour de la faiblesse, il déclarait la guerre à toutes nos entreprises en Tunisie. Nous avons déjà vu de quelle façon il avait traité nos intérêts dans les affaires les plus grosses, dans les questions du chemin de fer de la Goulette à Tunis; du câble sous-marin qu'on voulait rendre indépendant de nos lignes télégraphiques en bravant tous nos droits; du chemin de Sousse, dont on entravait, comme à plaisir, l'exécution régulière [1]. Mais nous n'avons pas encore parlé de l'affaire de l'Enfida.

On sait que l'Enfida est un immense domaine, plus étendu que certains de nos départements, placé dans le quadrilatère formé par les territoires de Hammamet, Zaghouan, Sousse et Kairouân.

Lorsque le général Khérédine obtint de la Porte, en faveur du bey de Tunis, la confirmation du droit de succession pour les membres de la famille régnante, son souverain, en récompense du service rendu, lui donna la propriété du domaine de l'Enfida.

Le général Khérédine préférant de beaux deniers comptants aux revenus plus ou moins hypothétiques de cette propriété, la vendit à une Société marseillaise, par actions, au capital de 60 millions.

En apprenant cela, le bey fit tout sous main pour ravir à la compagnie française le domaine de l'Enfida.

D'abord il fit faire des offres par un groupe de capitalistes tunisiens, mais le général Khérédine les repoussa, en disant : « Vous êtes venus trop tard; j'ai fait tout ce que j'ai pu pour laisser ce domaine entre des mains tuni-

3 avril 1881; dépêche de M. Albert Grévy, gouverneur général de l'Algérie, 4 avril 1881.

1. Circulaire du ministre des affaires étrangères, en date du 9 mai.

siennes, mais à présent j'ai vendu à la Société marseillaise, qui m'a déjà payé la plus grande partie du prix, et je veux rester fidèle à ma parole. »

Ce moyen n'ayant pas réussi, il fit faire des propositions à la compagnie elle-même, et par qui? par la Porte. Le gouvernement ottoman, représenté par Saïd-Pacha, offrait à la Société un bénéfice de 500,000 francs. Par patriotisme, la Société refusa.

C'est alors que le bey suscita un juif, nommé Lévy, protégé de l'Angleterre; mais, autre malheur pour le bey, le gouvernement anglais, ayant reconnu le mal fondé de la demande de son client, ne voulut pas l'appuyer, et les tribunaux tunisiens, saisis du litige, tranchèrent le différend en faveur du bon droit, en faveur de la Société marseillaise.

Telle avait été la résistance du bey dans l'affaire de l'Enfida et dans tant d'autres, « où la justice, avec l'esprit de conciliation et même de condescendance, n'avait jamais cessé d'être de notre côté[1]. »

Eh bien, cette opposition plus ou moins déguisée, plus ou moins justifiée, faite à nos entreprises, toutes les tracasseries suscitées à nos nationaux, tous ces empiètements sur leurs droits, tous ces dénis de justice étaient autant de symptômes qui indiquaient que nous n'étions plus tenus pour rien dans la régence, et qu'on se préparait à donner à d'autres la place qui nous appartenait et nous revenait de droit.

Dans son éloquent discours du 6 novembre 1881, plusieurs fois cité, M. Jules Ferry nous fait pour ainsi dire assister à l'effondrement de l'influence française à Tunis dans les derniers mois de 1880 ou les premiers mois de 1881 :

1. Circulaire du ministre des affaires étrangères, en date du 9 mai.

« Oui, disait-il, pour des causes sur lesquelles je ne veux pas insister, — car là une grande réserve m'est commandée, — mais dont l'effet est certain, visible, il est manisfeste qu'à l'époque qui a précédé immédiatement l'expédition de Tunisie et qui l'a rendue nécessaire, le gouvernement du bey, — je ne sais pourquoi, ou plutôt je sais trop pourquoi, — s'était absolument insurgé contre cette influence française, que même au temps de nos malheurs il avait encore respectée. Ce n'est plus la France qui est prépondérante à Tunis : la diplomatie française est à cette époque obligée de reconnaître qu'à Tunis, au Bardo, on oppose à son esprit de conciliation, à sa patience vraiment admirable, à tous ses efforts pour la défense des intérêts dont elle a le dépôt, à tout ce qu'elle demande de juste, d'équitable, d'avantageux pour la régence elle-même, une humeur de plus en plus hautaine, de plus en plus revêche, de plus en plus hostile. »

En présence du changement survenu dans l'esprit, dans l'attitude et même dans le langage du bey, devant un parti pris aussi tenace de laisser sans réparations nos griefs les plus légitimes, la voie diplomatique dont on avait essayé jusqu'alors pour obtenir justice devenait inutile ou n'était plus suffisante ; il fallut recourir à d'autres moyens que la discussion loyale et la persuasion, à l'emploi de la force.

Les causes de l'expédition tunisienne, les voilà.

Les origines, les voilà.

Ce n'est ni Gambetta, ni M. Roustan, comme on le croit communément, qui ont inventé la question tunisienne, encore moins M. Barthélemy Saint-Hilaire. La question tunisienne est aussi vieille que la question algérienne, elle en est contemporaine ; elle est née de notre conquête elle-même, le même jour, à la même heure, logiquement, nécessairement, par la force des choses; et depuis elle est allée se grossissant de toutes les difficultés, de toutes les querelles, de tous les dissentiments, de tous les incidents survenus, si bien que, depuis longtemps déjà, l'expédition de Tunisie apparaissait à l'horizon de la politique et de la diplomatie et était entrevue par tous les esprits clairvoyants comme une extrémité fâcheuse, mais inévitable. On en trouve les preuves dans les notes du ministère des affaires étrangères et dans la correspondance de nos agents en Tunisie :

« Si vous prévoyiez, écrivait en 1864 le ministre des affaires étrangères à notre représentant à Tunis, M. de Beauval, si vous prévoyiez que la dynastie des Hassanli fût menacée, soit par la crise intérieure (l'insurrection), soit par l'action de quelque puissance étrangère, vous auriez à m'en informer immédiatement par le télégraphe, et vous devriez même, en cas d'urgence, vous entendre avec M. l'amiral d'Herbinghem pour aviser aux moyens de prévenir une catastrophe. »

En janvier 1868, le ministre des affaires étrangères revenait sur le même sujet et proposait, pour mettre fin à l'état anarchique de la régence, tout en respectant l'existence du beylick comme souveraineté indépendante, d'occuper toute la partie sud de la Tunisie, ce qui nous aurait permis d'arrêter tout essai de révolte ou d'occupation étrangère.

En janvier 1869, nouvelle note du ministère des affaires étrangères, indiquant et formulant avec une grande clarté et une véritable prévoyance les vues du gouvernement français :

« La France est le seul pays avec qui le bey ait sérieusement à compter ; en cas de guerre, nous respecterons son sol, la nationalité de son peuple, s'il est pour nous un ami fidèle, c'est-à-dire s'il empêche que des secours d'une nature quelconque soient fournis par les indigènes à nos ennemis. Mais, à la moindre attaque, ou même si nous avions des doutes sérieux sur sa neutralité, nous entrerions à main armée sur le territoire de la Tunisie, ouvert de tous côtés, et nous serions bientôt sous les murs de la capitale, qui tomberait infailliblement en notre pouvoir... »

A côté de ces notes, qui représentent l'opinion du ministère des affaires étrangères à Paris, il y a la correspondance des agents locaux.

Avant comme après nos désastres, ils expriment tous la même pensée.

En 1864, en pleine insurrection, le lieutenant-colonel Campenon, alors membre de la mission militaire française à Tunis, examinant l'hypothèse d'un débarquement dans la Tunisie opéré par une puissance étrangère, recommandait, dans ce cas, de répondre victorieusement à ce défi en montrant nos soldats du côté du Kef.

En 1870, notre représentant à Tunis, M. de Botmiliau disait, à la date du 16 mars :

« Il y a longtemps que j'ai écrit au département que nous marchions à une catastrophe, que ce n'était pas la banqueroute seulement qui menaçait la régence, mais l'anarchie. Elle est à peu près partout. Une dernière tentative se fait en ce moment pour sauver ce pays par la commission financière. Si elle échoue, nous pourrons être forcément appelés à occuper la Tunisie, et ce sera pour nous une extrémité fâcheuse. »

Et le 21 décembre 1871, il disait encore : « Si nous nous trouvions un jour devant le dilemme de laisser une autre puissance occuper la Tunisie ou de l'occuper nous-mêmes, le doute, je crois, ne serait pas permis, et, tout en regrettant une pareille nécessité, nous devrions nous en emparer... »

Enfin, le 28 décembre de la même année :

« Le rapport que j'ai eu l'honneur de vous adresser le 21 de ce mois conclut à la nécessité d'occuper la régence dans un avenir peu éloigné : je ne crois pas que cette occupation puisse désormais être évitée. »

Et de 1871 à 1881, à mesure que le temps s'écoulait et que la faiblesse du gouvernement beylical apparaissait à tous les yeux, nos représentants à Tunis rencontraient plus souvent sous leur plume cette idée qui revient à chaque instant dans leur correspondance : « L'occupation de la régence, nous ne la désirons pas, mais elle est inévitable. » Elle est surtout exprimée à partir de 1880 par M. Roustan qui en parle dans presque toutes ses dépêches.

L'expédition de Tunisie était donc prévue depuis des années; elle a pu être une surprise pour les personnes peu au courant de la politique étrangère, elle ne l'a été ni pour nos diplomates ni pour nos hommes d'État, à qui n'avait échappé aucun des signes précurseurs de l'orage.

Quelques nouveaux méfaits des Khroumirs le firent éclater.

Après le pillage de *l'Auvergne,* comme ils ne trouvaient plus dans leurs parages ni des vaisseaux à décarcasser ni des marins à déshabiller ou à débotter, l'idée leur était venue d'opérer quelques razzias sur notre territoire. Il y avait si longtemps qu'ils n'avaient vu les Aouaouchas et les Ouled-Nehed, ces bons voisins! Ils décidèrent donc dans une grande zerda, au lieu dit Sidi-Abdallah-ben-Djemel, d'aller d'abord rendre visite aux premiers. Aussitôt dit, aussitôt fait.

Dans la matinée du 16 février 1881, une centaine de Khroumirs franchirent la frontière française, pillant et brûlant les tentes des Aouaouchas.

L'attaque fut renouvelée dans l'après-midi; mais cette fois les assaillants étaient au nombre de deux ou

M. Roustan, consul général de France à Tunis.

trois cents; il fallut faire venir des spahis du Tarf, deux compagnies de zouaves de Bône, une compagnie du 59e et la garnison de la Calle pour prêter main forte aux Aouaouchas.

Pareil fait, disent les dépêches, ne s'était pas produit depuis vingt ans.

Il ne s'agissait plus, en effet, d'un crime particulier, portant atteinte aux droits privés d'un sujet français, mais « d'une violation de frontières commise en pleine paix, sans provocation, par des bandes armées et à deux reprises différentes, d'une atteinte grave au droit international[1] ».

Les Khroumirs furent obligés de se retirer devant des forces supérieures; mais, en décampant, ils se promettaient bien de revenir le plus tôt possible.

L'incursion du 16 février, repoussée mais non réprimée, n'était que le prélude des affaires beaucoup plus graves des 30 et 31 mars, qui allaient se passer cette fois sur le territoire des Ouled-Nehed. Par une dépêche, en date du 1er avril 1881, le général Osmont, commandant le 19e corps d'armée, en rendait compte au ministre de la guerre dans les termes suivants :

« Le 30 mars, les Khroumirs, au nombre de quatre à cinq cents, divisés en trois bandes, ont envahi notre territoire, cercle de la Calle. Après une fusillade d'environ deux heures avec une de nos tribus, ils ont repassé la frontière. Le 31, les Khroumirs ont de nouveau attaqué nos tribus; celles-ci étaient soutenues par une compagnie du 59e qui se trouvait à Roum-el-Souk et une compagnie de zouaves venue du Tarf. Le combat a duré onze heures; nous avons eu au 59e trois morts et un blessé ; au 3e zouaves, un mort et cinq blessés. »

Une répression exemplaire devenait nécessaire. Depuis trop longtemps déjà, les auteurs de tant de méfaits se dérobaient au châtiment mérité. Le bey, ce souverain nominal, qui voulait toujours les punir, ne les punissait jamais. D'ailleurs, il n'en avait pas les moyens. Ce n'est pas avec

1. M. Albert Grévy à M. Barthélemy Saint-Hilaire, le 23 février 1881.

des soldats dépenaillés et armés de simples fusils à piston, rebuts des arsenaux de l'Europe, qu'il pouvait réduire de si mauvais sujets, retranchés dans leurs montagnes, et si habiles à faire chanter la poudre.

Dans ces conditions, le gouvernement de la république était contraint de se faire justice lui-même et d'aller châtier les Khroumirs.

Le 4 avril, le général Farre, alors ministre de la guerre, montait à la tribune pour annoncer que l'expédition était décidée.

Le 11, M. Jules Ferry, ministre des affaires étrangères, pour rassurer certaines puissances européennes sur nos intentions, faisait à la Chambre la déclaration suivante, par laquelle il répudiait solennellement tout projet d'annexion, toute idée de conquête de la part de la France :

« Nous allons en Tunisie, disait-il, pour châtier les méfaits que vous connaissez ; nous y allons en même temps pour prendre toutes les mesures qui pourront être nécessaires pour en empêcher le renouvellement. (C'est le protectorat à bref délai.)

« Le gouvernement de la république ne cherche pas de conquêtes, il n'en a pas besoin ; mais il a reçu en dépôt des gouvernements qui l'ont précédé cette magnifique possession algérienne que la France a glorifiée de son sang et fécondée de ses trésors. Il ira, dans la répression militaire qui commence, jusqu'au point où il faut qu'il aille, pour mettre à l'abri, d'une façon sérieuse et durable, la sécurité et l'avenir de cette France africaine. »

Le 24 au matin, les troupes françaises quittaient les camps d'Oum-Theboul, d'El-Aïoum, de Roum-el-Souk et se mettaient en marche sous le commandement supérieur du général de division Forgemol de Bostquénard.

Le jour même, la frontière était franchie et nos soldats se trouvaient pour la première fois en face des hau-

Le général Forgemol de Bostquénard, commandant en chef du corps expéditionnaire en Tunisie.

teurs ennemies qui se dressaient devant eux comme des forteresses menaçantes.

Il fallait maintenant investir le pays khroumir. Le général Logerot, au sud, dans la vallée de l'oued Mellègue;

le général de Brem, au centre, dans la vallée de la Medjerda; la division Delebecque et le corps de débarquement de Tabarka, au nord, allaient se porter en avant, et par une série de mouvements habilement combinés, fermer peu à peu le groupe des montagnes.

Les opérations militaires commencées vers la fin d'avril pouvaient être considérées comme terminées vers la fin de mai. Les différents corps d'armée se donnaient la main, et les dernières tribus, enfermées dans un cercle de fer, se rendaient à merci.

Les Khroumirs étaient châtiés : on avait escaladé successivement leurs mamelons et leurs crêtes, on les avait débusqués de leurs positions, on avait pénétré dans leurs repaires et pris leurs troupeaux.

Les « pantalons rouges et les grandes capotes[1] » avaient été admirables d'entrain, de crânerie et de vaillance. Rien n'avait pu les arrêter, ni les pluies torrentielles, ni les terrains détrempés, ni les pentes et les sommets, ni les balles d'un adversaire invisible et insaisissable, ni même les foudres de Sidi-Abdallah-ben-Djemel, le grand protecteur de la contrée.

1. C'est ainsi que les Khroumirs désignent nos soldats.

LES KHROUMIRS

Y A-T-IL DES KHROUMIRS? LEURS ANTÉCÉDENTS

Les Khroumirs ont fait tant de bruit, dans ces dernières années; on a tant parlé d'eux à la Chambre, au Sénat, dans la presse, à la ville et même à la campagne qu'il convient de leur consacrer ici quelques pages.

Mais d'abord y a-t-il des Khroumirs? S'il fallait en croire certains plaisantins, les Khroumirs seraient des mythes, ils n'auraient jamais existé, et c'est M. Jules Ferry ou le général Farre qui les auraient inventés, à l'occasion des événements tunisiens. Le fait est qu'avant l'expédition française, les Khroumirs étaient complètement inconnus du public, et les géographes ne savaient rien ou presque rien de leur pays, resté mystérieux, bien qu'il borde pendant une quinzaine de lieues, du cap Roux au cap Negro, la côte de la Méditerranée, la mer la plus fréquentée du globe.

Est-ce à dire cependant que personne, avant cette époque, ne les connût?

Dès 1786, Desfontaines, dans la relation de son voyage

aux régences de Tunis et d'Alger, les signalait comme des insoumis et des brigands : « Entre La Calle et Tabarque, dit-il, se trouve la tribu des Nadis, composée de sept à huit cents hommes tous armés ; ce sont des montagnards vagabonds qui ne payent tribut ni au dey d'Alger ni à celui de Tunis, quoiqu'ils se disent sous la dépendance de ce dernier ; ils changent de place et exercent leurs brigandages dans les deux États. »

Qui ne reconnaît dans ces traits les Khroumirs actuels ? Le nom, il est vrai, n'est plus le même ; aucune tribu khroumire ne porte aujourd'hui le nom de Nadis. Mais cela ne prouve rien : il arrive quelquefois, à la suite de longues guerres civiles, qu'une tribu, se sentant trop faible pour résister à ses ennemis, se démembre ou s'incorpore tout entière dans une autre ; alors elle peut perdre son nom, sans que pour cela ses habitants aient péri ou émigré. C'est ce qui est arrivé probablement pour les Nadis : à la suite d'une dislocation quelconque, ils ont dû s'inféoder à des voisins puissants, du nom de Khroumirs, auprès desquels ils ont trouvé aide et protection. Dans tous les cas, l'identité de caractère, de mœurs, d'allures et même de lieu est parfaite : le portrait des Nadis par Desfontaines est frappant de ressemblance avec les portraits des Khroumirs par le général Campenon, de Billing, le capitaine Zaccone, Charles Vélain et autres.

Pour le général Campenon, notre ancien attaché militaire à Tunis, les Khroumirs sont de mauvais sujets, toujours en révolte contre le bey et se faisant *tirer les oreilles* toutes les fois qu'il s'agit de payer l'impôt.

Notre consul à Tunis, M. de Billing, signale aussi, dans ses dépêches, comme des individus dangereux dont il faut se méfier, « les Khroumirs, tribu tunisienne, puissante et belliqueuse, établie à proximité de notre frontière [1]. »

Le capitaine Zaccone, dans ses intéressantes notes sur la régence de Tunis, publiées en 1875, ne les juge pas autrement : « Tout à fait à l'ouest de la Tunisie, dit-il, et près de notre frontière, habitent les Khroumirs, population sauvage et presque indépendante, la plus rude de cette contrée. »

Il ne manque à ces portraits, pour être absolument semblables à celui de Desfontaines, que le mot de la fin.

Nous le trouvons dans un article de la *Revue scientifique,* dû à la plume de M. Charles Vélain.

En 1873, M. Charles Vélain, attaché comme géologue à la campagne hydrographique de l'amiral Mouchez, se trouvant sur la côte septentrionale de l'Afrique, voulut aller visiter l'exploitation des plombs argentifères d'Oum-Theboul, à l'est de la Calle, presque à la limite de la frontière tunisienne. Il s'y rencontra par hasard avec les Khroumirs, et voici les détails qu'il nous donne, à cette occasion, sur les attaques et déprédations nocturnes de ces messieurs :

« A mon arrivée aux mines, je trouvai les exploitants en émoi : les Khroumirs s'étaient montrés par bandes pendant toute la semaine, emportant nuitamment les mulets qui servaient au transport du minerai, renversant les wagonnets dans les profonds ravins, sur le flanc desquels glisse le petit chemin de fer établi entre la mine et les laveries ; un garde-mine avait été posté, la nuit, avec des ouvriers Kabyles pour s'opposer à ces méfaits ; mais, après une lutte vive, les Khroumirs s'étaient emparés de lui et avaient laissé sur le champ du combat une de ses

1. Dépêche du 31 octobre 1874.

oreilles, posée sur des feuillages avec une lettre exigeant des conditions onéreuses pour le rachat du prisonnier. Une battue faite au lendemain dans la montagne amena la découverte du malheureux attaché à un arbre, en plein soleil, et expirant. Quant aux Khroumirs, il n'y en avait plus trace, et il eût été périlleux de se lancer à leur recherche dans un pays aussi accidenté, avec des forces insignifiantes.

Nous avons été témoins d'un autre méfait accompli par les mêmes tribus vers la même époque. A quelque distance de la côte tunisienne[1], les îles de la Galite possèdent une baie bien abritée qui sert de refuge aux corailleurs, quand les mauvais temps les empêchent de gagner le port de la Calle. Ces îles sont assez étendues, et la grande Galite, notamment, est susceptible de quelque culture. Des tentatives dans ce sens ont été faites à diverses reprises[2]. A l'époque où nous y avons atterri, deux familles de Maltais y étaient installées depuis un an déjà, cultivant quelques légumes et tenant quelques objets d'épicerie et de pêche à l'usage des corailleurs, dont la vente était assurée en raison de leurs visites fréquentes. A peine l'ancre jetée, j'étais à terre avec le médecin du bord, et, dans le cours de notre exploration, nous fûmes tout d'un coup attirés par des vagissements et des pleurs. Ces cris d'enfants nous amenèrent à une caverne peu profonde entaillée dans le roc, où se tenaient blottis de pauvres êtres presque nus, transis de peur et se serrant les uns contre les autres.

C'étaient les Maltais dont on nous avait signalé la pré-

1. Environ à quinze lieues en mer.

2. Pour le moment, elle ne produit que quelques herbes aromatiques et notamment du romarin, qui est brouté par des chèvres sauvages, en assez grand nombre dans l'île.

sence à la Calle. Peu de jours auparavant, les Khroumirs, avec les mauvaises embarcations dont ils disposent, étaient venus faire une descente sur l'île, en nombre, car ils la croyaient plus occupée. Grande fut leur déception en présence de ces pauvres gens. Ils en tirèrent vengeance en les couvrant de coups, en pillant le matériel et les provisions péniblement amassées, leur laissant la vie sauve, mais les privant de tout, même de leurs vêtements. L'arrivée du *Narval* dans les eaux de la Galite fut encore pour ces malheureux, qui avaient presque perdu la raison, une cause d'effroi; mais, avec nous, les secours arrivaient et notre commandant, à son retour en Algérie, après avoir signalé ces faits que l'imagination a peine à concevoir, les fit rapatrier. »

Ces tristes épisodes joints à ceux que nous avons précédemment racontés prouvent suffisamment à nos yeux l'existence des Khroumirs.

LEUR ORIGINE. — SONT-ILS D'ORIGINE ARABE?

Mais à quel peuple se rattachent-ils et quels sont leurs ancêtres?

Les Khroumirs ont perdu jusqu'au souvenir de leur origine. Comment, au surplus, l'auraient-ils conservé?

Il n'existe pas chez eux d'annales nationales, mais seulement des traditions orales, dont bien peu survivent à la génération qui les a vues naître ou tout au plus à la suivante. L'histoire, ils ne savent pas ce que c'est, et ils s'en soucient comme de leur premier burnous. Pour eux, le passé est mort et ils ne s'imaginent pas qu'on puisse l'interroger pour y chercher un enseignement quelconque ou une règle de conduite pour l'avenir; cette curiosité, si naturelle à l'homme, de savoir ce qu'ont fait ses devanciers ne les pique pas, et dès que les événements antérieurs cessent d'exercer une influence directe sur les intérêts du présent, ils se hâtent de les oublier, ou tout au moins ils ne font aucun effort pour les retenir.

Les Khroumirs sont donc aussi ignorants, peut-être plus ignorants que nous, de leur propre origine.

Cependant, lorsque vous les interrogez à cet égard, ils vous répondent sans broncher et comme si l'aveu les flattait : « Nous sommes Arabes et les descendants du grand marabout Sidi-Abdallah-ben-Djemel. »

Et ils le croient de très bonne foi. Mais est-ce bien là leur souche?

A ne s'en rapporter qu'au physique, on serait tenté de le croire; car, à travers les âges, par le contact et le croisement, le type primitif khroumir s'est tellement modifié, qu'il reproduit aujourd'hui dans une large mesure le type arabe.

C'est à peine si quelques dissemblances par-ci par-là viennent déceler une lignée antérieure, cananéenne, romaine ou vandale, qui ne permet pas à un observateur attentif de prendre les Khroumirs pour des Arabes de race pure.

Seulement, à tous les autres points de vue, les divergences éclatent.

Les Arabes ont toujours été mahométans, les Khroumirs ne le sont que depuis la conquête et malgré eux, l'islamisme leur ayant été imposé; les Arabes obéissent en tout et pour tout au Coran, qui règle jusqu'aux moindres détails de leur vie publique et privée, les Khroumirs, sans rejeter le livre de Mahomet, suivent des usages particuliers qu'ils tiennent de leurs ancêtres; les Arabes sont nomades, les Khroumirs sont sédentaires, ils ne désertent pas leurs montagnes.

Cette simple esquisse comparative des physionomies, des croyances, des mœurs, des coutumes et des caractères suffirait à prouver la dualité nationale des Khroumirs et des Arabes.

Mais je veux présenter un autre argument qui, pour arriver le dernier, ne sera peut-être ni le moins fort ni le moins décisif.

« Il n'y a pas jusqu'aux légendes qui ne puissent jeter quelque lumière sur l'histoire d'un peuple et nous apprendre à le connaître. »

Si Voltaire a dit cela des légendes ou quelque chose de semblable, à plus forte raison est-il permis de le dire de la langue elle-même, sorte de miroir fidèle où se reflète toute la vie d'un peuple, son passé comme son présent.

A mon avis, la langue est la vraie pierre de touche des nationalités. Deux tribus voisines parlent le même idiome : elles sont sœurs, issues d'un ancêtre commun. Leur idiome est-il différent? leur souche l'est aussi ; elles ont pu et peuvent s'allier l'une à l'autre, se mélanger, mais non se fondre.

Les Khroumirs et les Arabes parlent-ils la même langue ?

Non.

Eh bien ! ce sont deux peuples distincts.

La communauté ou la différence de langage établit, de la façon la plus certaine, la communauté ou la différence d'origine.

Les Khroumirs parlent, sauf quelques expressions locales, le dialecte berber usité parmi les montagnards de l'Aurès, c'est-à-dire le chaouïa. Ce sont donc des Berbers comme ces derniers et, comme eux, ils appartiennent à la race autochtone du nord de l'Afrique, race autrefois compacte et souveraine, autrefois maîtresse de tout le pays compris entre la mer Rouge et l'Atlantique, mais aujourd'hui éparse et subjuguée, refoulée dans les montagnes par suite des conquêtes successives de la plaine et morcelée en plusieurs groupes de population, séparés les uns des autres par de vastes étendues de terrain[1].

1. A propos de l'origine des Khroumirs, lire les belles pages du général Daumas sur celle des Kabyles, leurs frères de race. (Daumas, *Grande Kabylie*, Hachette, 1847, in-8°.)

DIVERSES FRACTIONS KHROUMIRES. — LEUR INDÉPENDANCE. — COMMENT LES KHROUMIRS TRAITENT LES INTRUS.

Quand donc, à l'époque des invasions, surtout de l'invasion arabe, la race berbère fut chassée des villes et des campagnes, quelques tribus, pour échapper à la domination étrangère et ne pas subir le contact du vainqueur, se réfugièrent sur les montagnes du littoral de la Méditerranée. C'est là, au nord-ouest de la Tunisie, dans la région comprise entre la frontière algérienne et l'oued Zouarha d'une part, la mer et la chaîne du petit Atlas d'autre part, qu'elles vivent dans une indépendance presque absolue et sans souci du pacha à trois queues, le bey de Tunis. Le vent qui passe sur les cimes apporte avec lui comme un souffle de liberté. Ce sont :

Au nord les Nefzas, les Mecknas et, bordant notre cercle de la Calle, les Khroumirs ;

Au-dessous du pays des Khroumirs, en descendant le long de notre cercle frontière de Soukaras, les O. Sidra, les Ouchtetas, les Meressen, les O. Ali et les Beni Mazzen ;

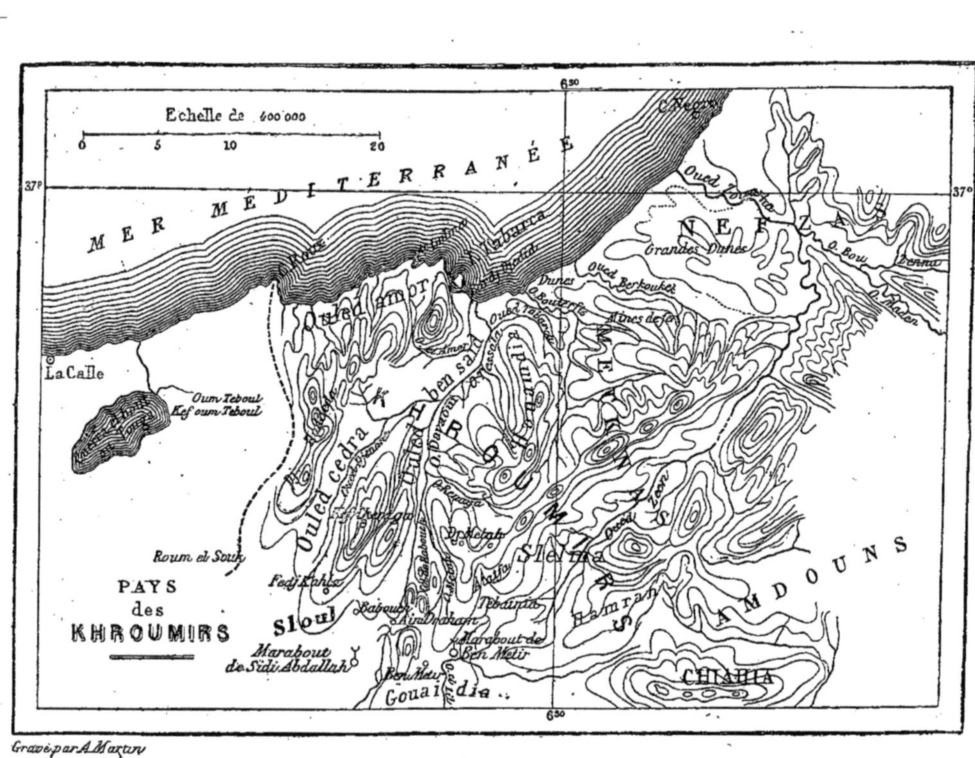

Gravé par A. Martin

Dans l'oued Ghrezela, bassin de la Medjerda, les Chiahia, et un peu plus haut les Amdouns.

Toutes ces tribus forment plusieurs confédérations dont le but principal est de défendre l'entrée de leur territoire.

De toutes ces confédérations, la plus fière et la plus redoutable est celle des Khroumirs, qui donne quelquefois son nom à toute cette contrée, bien qu'elle n'occupe, à proprement parler, que le territoire nord-ouest entre la frontière algérienne et la mer.

Elle se divise en six fractions principales : les O. Amor, les O. Ben-Saïd, les O. Cedra, les Sloul, les Slelma et les Houamdia, qui eux-mêmes se subdivisent en : Rouaissia, Breikia, Aouatmia, Bechainia, Souatmia, Djedaidia, Houaizia, Elassema, Rekraissia, El Atatfa, Tebaïnia, Gouaidia, O. Ali ben Nasseur, Hamran, Debabsa, Saidia, Asseinia, Areidia, Areifia, Khleifia, Kouasmia.....

Grandes ou petites, toutes ces fractions sont indépendantes les unes des autres et forment autant de républiques distinctes.

Grâce à leurs qualités guerrières, les Khroumirs avaient eu jusqu'à ces derniers temps une importance extraordinaire qui les faisait, même aux yeux du bey, les vrais dominateurs du littoral; ils y régnaient en maîtres absolus, et malheur à qui allait chez eux avec des allures suspectes.

On raconte qu'un intrus [1], qui ramassait des échantillons de pierres et de minerai, ayant été aperçu par un Khroumir, se trouva très heureux d'en être quitte pour vider ses poches et reconduit à la limite du territoire. Un autre, qui voulait faire un levé de plans, fut terrifié en voyant, au bout de sa mire, un fusil qu'ajustait une noire tête de montagnard ; il y perdit ses instruments

1. V. *Revue de géographie*, août 1879.

et fut dépouillé de tous ses papiers, parce qu'ils pouvaient contenir des notes.

Si les Khroumirs traitaient ainsi les collectionneurs et les géomètres, gens pourtant bien inoffensifs, on se demande comment ils devaient recevoir leurs ennemis. Au fait, nous en savons maintenant quelque chose et au besoin les soldats tunisiens pourraient nous l'apprendre, car, on s'en souvient, ils ont eu plus d'une fois maille à partir avec eux.

Il y a quelques années, Sidi-Mohammed-es-Sadok, voulant faire acte d'autorité, envoya contre les montagnards révoltés un de ses généraux. Le général débarqua sur la plage, à Bordj-Djedid, avec deux ou trois mille hommes tant d'infanterie que de cavalerie ; mais il ne put jamais franchir les premiers mamelons qui bordent la rive gauche de l'oued Kébir. Après trois mois de tentatives, il fut obligé de s'en aller comme il était venu. On lui avait permis seulement de faire traverser l'oued, chaque jour, à quelques soldats allant aux provisions[1].

On n'a pas facilement raison des Khroumirs dans leur pays.

1. Edmond Desfossés, *Tunisie*.

LE PAYS DES KHROUMIRS. — LA MONTAGNE SAINTE. — LE MARABOUT DE SIDI-ABDALLAH-BEN-DJEMEL. — PRISE DU MARABOUT PAR LES FRANÇAIS. — STUPEUR DES KHROUMIRS.

Ce pays, couvert de montagnes, de broussailles et de forêts, rappelle le Jurjura : c'est, si l'on peut s'exprimer ainsi, la Kabylie tunisienne.

Les montagnes commencent vers Oum-Theboul avec une moyenne de trois ou quatre cents mètres, et vont, toujours s'étageant vers l'est, jusqu'à des faîtes de mille ou douze cents mètres.

Elles sont entrecoupées de gorges profondes, ravinées dans tous les sens, boisées jusqu'aux sommets, escarpées et partout d'un abord extrêmement difficile. Une d'elles, qui est fort ardue, appelée le Djebel-Melah, et située à cinq kilomètres environ nord-est du Djebel-Adissa, c'est-à-dire tout à proximité de la frontière française, jouit d'une grande vénération, parce qu'elle porte dans ses flancs la Koubba ou tombeau du fameux marabout Sidi-Abdallah-ben-Djemel [1].

1. V., sur les Koubbas, *Revue de géographie,* août et décembre 1881.

Ce tombeau est en tout semblable pour la forme à ceux qu'ont vus les voyageurs et les soldats en Algérie. C'est une construction carrée de dix mètres de côté, surmontée d'une coupole. Le tout en pierre blanche, devenue grisâtre par le temps.

L'entrée est précédée d'une petite cour fermée. Dans l'intérieur de la mosquée est le tombeau du saint, un sarcophage en pierre.

Le plateau, au centre duquel s'élève le monument, est situé à mille mètres d'altitude ; il est formé par une petite prairie ; au fond s'étend un bois de chênes-lièges dominé par une crête sans aucune végétation. Le bois, après avoir contourné le monticule sacré, descend les pentes qui font face au nord.

C'est particulièrement dans le Djebel-Melah, sorte de forteresse naturelle, *kef*, que les Khroumirs avaient mis leur confiance pendant la dernière guerre ; ils y avaient expédié leurs femmes, leurs enfants, leurs bestiaux et une partie de leurs approvisionnements ; jamais les troupes du bey n'avaient pu l'escalader.

Une fois, dit la légende, une armée tunisienne voulant soumettre le pays, s'était avancée jusqu'au pied du Djebel-Melah. Déjà elle touchait la montagne sainte, lorsque le vieux marabout, indigné, fit pleuvoir sur elle une grêle de boulets. L'armée tunisienne resta sur place sans pouvoir fuir. Elle fut entièrement détruite.

Après avoir anéanti sans plus de façon une armée de *croyants,* après tout, le moins que pouvait faire Sidi-Ab-dallah, c'était de foudroyer l'armée française, une armée de *giaours.* Les Khroumirs y comptaient. Il n'en fit rien.

Cependant on eût bien dit qu'il s'était mis de la partie. Le matin du 7 mai 1881, un orage avait éclaté. Le soir,

Koubba de Sidi-Abdallah-Ben-Djemel.

il en vint un second plus formidable que le premier. Le tonnerre roulait avec fracas dans les montagnes, répercuté par de nombreux échos.

« Té ! mon bon ! s'écria un Marseillais de la brigade Vincendon, c'est l'artillerie de Sidi-Abdallah qui arrive. »

Mais l'artillerie de tous les marabouts d'Afrique n'eût pas arrêté nos soldats.

L'attaque avait été fixée au 8.

Elle devait avoir lieu non plus par le nord, comme on l'avait d'abord projeté, mais par le sud.

Par Kef Chéraga, Hadjar M'Kaoura et Babouch, on aurait trouvé des crêtes, un pays difficile, entrecoupé de ravins. Par Bled Mana, on avait trois ou quatre crêtes à franchir, il est vrai, mais ensuite le terrain ne semblait pas présenter des difficultés insurmontables.

Le 8 au matin, toute la division Delebecque était massée à Bled Mana, au pied de la petite colline qui sert de base à la montagne sainte. Les reconnaissances faites par les goums[1] dans les journées du 6 et du 7, les renseignements reçus, tout faisait supposer que Sidi-Abdallah-ben-Djemel serait énergiquement défendu par les Khroumirs.

L'atmosphère était encore brumeuse, mais la pluie de la veille avait cessé.

L'armée était joyeuse, tous les fronts s'animaient. On se voyait enfin au moment d'une action décisive. Le soldat se sentait plein d'entrain, prêt à tous les courages.

1. Les goums sont des cavaliers arabes qui font, en avant de nos colonnes, l'office d'éclaireurs. L'autorité militaire les paye, homme et bête, à raison de trois francs par jour.

Les officiers, sérieux, attentifs, jetaient un dernier coup d'œil sur leurs hommes. Jamais jeune troupe n'avait témoigné plus d'ardeur et de confiance en elle-même.

Un goum.

Le signal fut enfin donné. La division en ligne commença à gravir la colline, les bataillons de la brigade Vincendon à gauche, ceux de la brigade Galland au centre, les bataillons de la brigade Caillot à droite. Les tirailleurs de chacune des brigades s'étaient déployés pour les couvrir.

La colline fut dépassée, une première crête fut franchie, puis une seconde.

On montait toujours. Les montagnes se resserraient, fermant toute perspective. Après un monticule venait un vallon, puis un autre monticule.

Avec une troisième crête, le coup d'œil changea.

On se trouvait au sommet des montagnes. En face s'étendait un tapis de verdure qui semblait se continuer jusqu'au marabout que l'on apercevait distinctement à un kilomètre au plus. Tout à coup la colonne Vincendon s'arrêta.

A ses pieds s'ouvrait une profonde échancrure formée par une étroite vallée dont les versants étaient presque à pic. Au fond, coulait un ruisseau gonflé par les pluies, dont les bords étaient parsemés de petits champs cultivés, d'arbres et de gourbis.

C'était un point presque infranchissable pour l'artillerie. Pour le lui faire franchir, on eût dû démonter les pièces et les affûts et les charger sur les mulets. On se contenta de la placer en position sur le bord du ravin.

L'infanterie commença à descendre.

Les deux autres brigades, ayant rencontré le ravin plus profond avec des pentes plus raides, s'étaient arrêtées.

La brigade Vincendon, appuyée par toute l'artillerie, marcha seule sur le marabout.

Il fallait passer le ravin.

Le général s'engagea le dernier. Ses quatre bataillons rompirent complètement les rangs. On dégringola à la file s'accrochant aux touffes d'arbres, cherchant une anfractuosité pour y placer le pied, s'appuyant sur le fusil. Quelques hommes roulèrent sans se faire grand mal.

On arriva sur le bord du ruisseau. Les soldats coupèrent des fascines et on jeta un pont. Dans les gourbis, tous abandonnés, on trouvait du grain, des armes, quelques ustensiles.

Les Arabes convoyeurs ramassèrent les récoltes pour leurs animaux et mirent les gourbis en réquisition.

On escalada l'autre versant pendant que l'artillerie de la brigade Galland fouillait à coups de canon les bois qui s'étendaient en arrière du marabout.

Les quatre bataillons de la brigade Vincendon prenaient enfin pied sur le plateau.

Il était abandonné des derniers Khroumirs, qui fuyaient en poussant des cris. A trois cents mètres se dressait le monument de Sidi-Abdallah-ben-Djemel. Nos soldats foulaient enfin cette terre qui n'avait jamais été « souillée » jusqu'alors par le pied d'un *Roumi*.

Le général Delebecque s'avança vers la mosquée. Sur la porte se tenait, majestueux, l'oukil ou gardien du monument. C'était un auguste vieillard dont la barbe blanche tombait sur la poitrine. Il avait mieux aimé affronter la mort que déserter son poste. Par l'intermédiaire d'un interprète, il déclara au général qu'il était un simple prêtre qui ne s'était jamais mêlé de guerre. Il lui demanda de prendre sous sa protection la Koubba et ce que les fidèles avaient placé sous la sauvegarde du saint.

Le général rassura le vieillard.

Dans la cour, le long des murs et dans l'intérieur même du marabout, une quantité d'objets de toutes sortes, des armes, des provisions, des tentes, des vêtements frappaient les regards.

Sur le plateau paissait un troupeau de petits bœufs et de moutons que le gardien déclara être à lui et qu'on lui rendit.

Derrière le général, les goums et les Arabes de la colonne se précipitèrent pour s'agenouiller. Tous baisèrent avec respect le sarcophage. Sidi-Abdallah est en grande vénération dans toute la région de la frontière tunisienne.

On fouilla de nouveau le bois par quelques coups de canon. Rien ne bougea. Les soldats formèrent les faisceaux pour le déjeuner et le café. Il était midi, et, depuis le matin, les hommes n'avaient rien pris.

Le général Vincendon venait de rejoindre le général Delebecque. Il fut décidé qu'on établirait autour du marabout une zone de protection. C'était une bonne mesure politique. Tout ce qui avait été confié à Sidi-Abdallah profita du droit d'asile. Beaucoup de Khroumirs vinrent faire leur soumission là même, apporter leurs fusils et demander l'*aman*. Entre autres les Ouled Cedra.

L'occupation du marabout constituait l'événement le plus important de la campagne. La dépêche officielle signalait en ces termes l'importance de cette position au centre du pays khroumir :

« Nos troupes viennent d'occuper sans combat Sidi-Abdallah-ben-Djemel, position inexpugnable où est situé le tombeau du marabout le plus vénéré de toute la Tunisie.

« Les Khroumirs s'y étaient massés ; mais se voyant sur le point d'être enveloppés de toutes parts, ils se sont retirés avant l'arrivée de nos soldats.

« La position dont nous sommes maîtres est la plus forte du pays et assure le résultat décisif de la campagne[1]. »

1. Sur la prise du marabout ou koubba de Sibi-Abdallah, voir les *Français en Afrique* ou la *Guerre en Tunisie*. — Librairie illustrée, rue du Croissant.

Grande avait été, paraît-il, la surprise des Khroumirs en voyant le torrent déborder au centre du massif. Il était admis, chez eux, qu'aucune armée ne pouvait y accéder. Les expéditions envoyées à diverses époques par les beys s'étaient toujours arrêtées au pied des montagnes qui s'enchevêtrent autour de Ben-Métir. Voir les Français déboucher avec l'artillerie, la cavalerie, les convois, avait été pour les Sloul, les habitants de cette région, le comble de la stupéfaction; ils avaient été terrifiés par ce déploiement formidable de forces. Les gens de la tribu qui s'étaient d'abord cachés à l'approche de nos soldats, ayant obtenu l'aman, sortaient maintenant en foule de leurs refuges pour venir curieusement examiner les envahisseurs. Jamais le pays n'avait vu pareille irruption. Nos troupiers eux-mêmes étaient tout étonnés de se trouver là et ils se demandaient presque si quelque magicien ne les y avait pas transportés; ils avaient dû y arriver par des sentiers étroits, bordés de précipices épouvantables qui, pour la plupart, n'ont pas moins de cent à deux cents mètres de profondeur, où les mulets roulaient à chaque instant, entraînés par leur charge vacillante. Et encore ces sentiers, il avait fallu, presque tous, les improviser à travers les montagnes et les bois, en coupant les arbres, en mettant le feu aux broussailles, en soulevant les roches qui barraient la route.

RESSOURCES DU PAYS DES KHROUMIRS. — FORÊTS — JARDINAGE. — AGRICULTURE. — LES QUATRE VALLÉES. — LE FIGUIER. — L'OLIVIER. — LES ARBRES FRUITIERS. — LE CHÊNE A GLANDS DOUX. — LA CHASSE.

Après l'ennemi lui-même et les montagnes, les bois avaient été l'obstacle le plus sérieux qui s'était opposé à la marche de nos troupes.

Le pays des Khroumirs renferme de très belles forêts, même de haute futaie. Le chêne à glands doux, le pin, l'orme, le hêtre, le frêne, le chêne-liège y abondent et le sol recèle une grande quantité de minerais, surtout de cuivre, de fer et de plomb. Mais rien de tout cela n'est exploité, pas plus les richesses du sous-sol que celles de la superficie. Et cependant en maints endroits l'exploitation en serait facile et, grâce aux ports voisins de la Calle et de Tabarka, très avantageuse. Que voulez-vous? Les Khroumirs ne savent pas tirer parti de leurs mines et de leurs forêts. Savent-ils au moins faire valoir leurs terres, les cultiver, les nettoyer, les fumer? Pour cela, oui. Il n'y a pas chez eux le plus petit coin de terre, le moindre pli de montagne qui ne soit utilisé ; on y sème des lentilles, des fèves, des pois, des haricots, des choux. Chaque famille a son jardin, entretenu avec un soin minutieux. Les Khroumirs sont des maîtres en fait de jardinage ; même en fait d'agriculture, ils sont loin d'être arriérés : les travaux de quelques tribus indiquent certaines notions agricoles, témoignent même d'un état assez avancé.

Je suis convaincu que le Khroumir serait tout entier à l'agriculture, si les céréales devaient lui fournir assez pour sa consommation ; mais il a beau manier patiemment la pioche et la charrue, il ne peut rien contre l'aridité du sol, contre la raideur des pentes et contre la violence des eaux qui viennent trop souvent raser ses récoltes. Autre chose encore : les régions labourables en Khroumirie sont rares ; je ne connais guère que trois ou quatre vallées fertiles, grâce aux cours d'eau qui les traversent : ce sont les vallées de l'oued Tessala, de l'oued-Djenane, de l'oued el Lil et de l'oued Zeen.

L'oued Tessala ou el Kebir sort des environs du col Babouch sous le nom d'oued Daraoui, et va se jeter à la mer, en face de Tabarka. La vallée qu'il parcourt est bordée de bois épais sur les pentes ; mais elle est découverte sur les deux bords et assez riche tout le long du torrent ; elle ne vaut pas cependant la vallée de l'oued Djenane.

L'oued Djenane, un des affluents de l'oued Tessala, prend sa source tout près du col de Fedj-Kahla, chez les O. Cedra, tribu puissante, comptant environ quinze cents fusils. Il court dans un vallon étroit et sinueux, d'une remarquable fraîcheur, garni d'une épaisse verdure. On croirait traverser un magnifique pâturage de Normandie. L'eau roule sur des roches assises et des cailloux mélangés de quartz. Les rives sont frangées de délicieux bosquets de lauriers. A terre, des romarins. Çà et là, des cactus, des figuiers de Barbarie avec leurs longs piquants. Dans les gorges qui descendent vers l'oued, des massifs d'aubépine, du lierre grimpant le long des rochers. Dans les champs, de l'orge.

La plaine de Ben-Metir n'est ni moins jolie ni moins fertile, avec ses blés et ses orges superbes. Seulement elle est très petite ; elle a tout au plus trois kilomètres de long sur deux de large. Le torrent qui la sillonne et la féconde fourmille de poissons, et ces poissons se laissent prendre avec une complaisance charmante.

Dans la dernière campagne, nos troupiers s'étaient fait des lignes avec des branches coupées aux lauriers-roses et les avaient généralement munies de trois fils supportant une épingle tordue, fendue près de la pointe pour former le dard.

Un pêcheur de profession n'accepterait pas comme vraie la quantité de poisson captée par nos fantassins dans l'oued el Lil avec cet engin plus que primitif. Il y avait surtout de gros barbeaux qui devaient être d'une naïveté bien grande pour se laisser prendre aux appâts que leur tendaient les pantalons rouges. Le soir, toutes les *popotes* étaient alimentées de matelotes.

L'oued Zouarha ou Zeen coule dans un ravin très escarpé, bordé des deux côtés de chênes-lièges magnifiques, épais, touffus et entrelacés de plantes grimpantes telles que le lierre ; il prend sa source dans le Dra Slassel et arrose les régions habitées par les Slelma, les Mecknas et les Nefzas, régions montagneuses comme celle de Sidi-Abdallah, comme le pays des Sloul, mais cultivées dans les fonds, le long des ruisseaux et dans les espaces abrités.

Voilà à peu près les seuls endroits où l'on trouve des terres cultivables. Hors de là, le sol n'est propre qu'à l'arboriculture. Les Khroumirs le comprennent et concentrent sur les arbres à fruits leur travail et leurs espérances.

Le figuier est à la fois une ressource alimentaire et commerciale ; cet arbre croît vite : au bout de quatre où cinq ans, il rapporte. On fait sécher les figues sur des claies, puis on les place dans des paniers et on les emporte.

Mais, selon son expression, la vraie *vache à lait* du Khroumir, c'est l'olivier : il le soigne comme son trésor. Aussi atteint-il des proportions et une fécondité merveilleuses ; il y en a qui mesurent plus de deux mètres de diamètre à la base. C'est seulement une année sur deux que la récolte des olives est abondante : la cueillette dure tout l'hiver ; on les conserve dans des enclos de branches et la préparation de l'huile s'opère en plein air, au printemps, au moyen d'entonnoirs percés de trous au travers desquels l'huile découle peu à peu.

Pour être les plus précieux représentants des arbres fruitiers, le figuier et l'olivier ne sont pas les seuls : il convient de citer encore le poirier, le pommier, le pêcher et surtout, en raison de son utilité, le chêne à glands doux.

Le gland doux est un des premiers éléments de la nourriture des Khroumirs ; ils le mangent grillé ou en font une espèce de couscous.

La chasse leur vient aussi en aide à certaines époques. Le gibier ne manque pas chez eux. Il y a comme gibier à plumes : des perdrix, cailles, bécasses, grives, pigeons ; comme gibier à poils : des lièvres, lapins, etc.

Telles sont les principales ressources alimentaires qu'offre le pays khroumir : des fruits en abondance, mais pas assez de céréales. Comment s'y prennent donc ces montagnards pour vivre? Les uns se livrent au commerce, les autres à l'industrie, le plus grand nombre au vol et au brigandage.

Les Sloul, par exemple, sorte d'éleveurs en grand, possèdent des troupeaux innombrables, dont la vente suffit à la rigueur à leurs besoins personnels.

Quelques tribus des Slelma, des Houamdia et des O. Ben-Saïd s'occupent de la préparation des cuirs, de l'extraction du tannin, de la fabrication du savon noir, des burnous, des chachias, des cordes en laine, en paille ou poil de chèvre, des moulins à bras et de la poudre.

Nous devons une mention spéciale à la manière dont les Khroumirs fabriquent la poudre. Cette industrie s'exerce dans un grand nombre de villages.

Les matières premières, salpêtre, soufre et charbon, au lieu d'être, comme chez nous, pulvérisées séparément, sont triturées ensemble au moyen de pilons de bois dans des mortiers de bois. Ce travail est fait à la main par des femmes. Le dosage des matières, dépendant du caprice individuel, est naturellement assez variable.

On obtient le salpêtre en lessivant les terres provenant du sol des vieilles maisons. Le charbon est préparé avec du saule et du laurier-rose. Le soufre est acheté à Tunis.

La poudre khroumire, un peu moins forte que la nôtre, satisfait néanmoins aux conditions d'une bonne poudre de guerre [1].

Les tribus dont nous venons de parler trouvent, à peu près, leur nécessaire dans le commerce et l'industrie; mais il y en a certaines, notamment les O. Amor et les O. Cedra, qui, *pour joindre les deux bouts*, sont obligées de se livrer au vol et au brigandage élevés à la hauteur d'une profession; elles sont en hostilité presque permanente avec les tribus algériennes de la frontière, et ne manquent aucune occasion de les razzier; elles trouvent pour cela des auxiliaires complaisants dans leurs voisins, les Ouchtetas, autre confédération de brigands dont le territoire s'enfonce dans le nôtre comme dans un coin.

Quant aux fractions riveraines de la Méditerranée, nous avons déjà vu qu'elles se sont toujours signalées par le pillage des navires échoués sur la côte.

1. V. *Chez les Khroumirs*, par deux anciens zouaves. Paris, typographie Collombon, 22, rue de l'Abbaye.

PORTRAIT KHROUMIR. — COSTUME

Au physique, nous l'avons dit, les Khroumirs reproduisent dans une large mesure le type général arabe, avec la barbe moins noire, le teint moins foncé, la peau moins fine, mais les traits plus expressifs. Le maxillaire inférieur, très développé, les dents longues et blanches, l'œil petit et vif donnent à leur physionomie un caractère remarquable de férocité. D'une taille élevée, secs, nerveux et habiles à tous les exercices du corps, vivant d'un rien, ignorant l'usage du vin et de l'alcool, ces montagnards sont admirablement préparés à la vie d'aventures et d'incursions qu'ils mènent depuis l'antiquité la plus reculée.

Leur costume est des plus sommaires. La chachia sur la tête et quelquefois rien ; le cou, les bras et les jambes nus ; la gandoura et, par-dessus, un burnous blanc ou rouge, suivant la condition ; un morceau de cuir sous les pieds en guise de chaussure et encore pas toujours, voilà leur tenue ; elle est assez primitive et ils n'en changent pas souvent : chemise et burnous, c'est porté jusqu'à la corde.

Quant aux femmes, une grande pièce d'étoffe de laine

ou de coton, pliée en deux, rattachée sur les épaules par deux fortes broches en métal et serrée autour de la taille par une ceinture bariolée, fait le plus souvent tous les frais de leur habillement. Les bras restent nus. Grâce aux mouvements de la draperie, ce vêtement ne laisse pas de produire quelque effet : il rappelle par sa forme la robe de la statuaire antique. Dans les grands jours de fête, les femmes khroumires ajoutent à leur toilette ordinaire quelques mouchoirs à couleurs voyantes, qu'elles fixent aux épaules ou jettent sur la tête en manière de voile. Ces jours-là aussi elles sortent leurs bijoux de cuivre dont elles se couvrent des pieds à la tête.

Les femmes khroumires, nubiles à dix ans, sont vieilles à vingt, repoussantes à trente. Chargées en commun de tous les détails intérieurs de la tribu, elles portent les fardeaux, sont employées aux besognes les plus pénibles, et jouent dans les déprédations que commettent leurs seigneurs et maîtres, ou dans le pillage des épaves que la tempête jette à la côte, le rôle de bêtes de somme.

Au combat seulement, ces malheureuses sortent de leur humble condition et prennent un rôle plus élevé : côte à côte avec leurs maris et leurs pères, elles chargent les armes, ramassent celles qui sont tombées des mains des morts et s'en servent contre l'ennemi ; dès que la poudre ne parle plus, ces pauvres amazones retombent dans leur abjection première et redeviennent, de guerrières qu'elles étaient auparavant, les humbles esclaves de leurs compagnons d'armes [1].

1. V. *Chez les Khroumirs,* par deux anciens zouaves.

VILLAGES KHROUMIRS. — HABITATIONS
LE ROCHER DE FATH-ALLAH

Les Khroumirs ne vivent pas sous la tente, à la façon des Arabes; ils ont des villages comme les Kabyles du Jurjura.

Ces villages ont la configuration des crêtes sur lesquelles ils sont perchés; ils sont généralement longs, étroits, seulement abordables par des sentiers muletiers, rocailleux, enroulés comme des couleuvres, croisés de broussailles et d'épines et rongés par les pas de l'homme qui, depuis les siècles les plus reculés, n'a cessé de les suivre. Souvent la pente est si raide, qu'on doit laisser les mulets au pied de la montagne et gravir l'escarpement en se retenant aux pointes des rochers, aux racines, aux cactus, comme s'il s'agissait d'escalader une véritable muraille.

Les maisons khroumires ne sont pas bâties en pierre, quoique la pierre abonde. Ce sont des gourbis situés à une certaine distance les uns des autres, même dans les centres de population. Par le mot *gourbis,* il faut entendre des huttes construites avec des branchages et enduites au dedans et au dehors d'un gâchis de boue ; des cabanes recouvertes de plaques de liège et n'ayant d'autre ouverture que la porte, toujours très basse et jamais fermée ; de misérables abris où vivent comme dans des écuries gens et bêtes, séparés seulement soit par des cordes, soit par une rangée de grandes jarres contenant les provisions du ménage (blé, huile, figues sèches) ; de noirs taudis enfin, où l'on fait la cuisine au milieu d'une fumée qui s'échappe comme elle peut par les interstices de la toiture ; les meubles sont inconnus, la batterie de cuisine se réduit aux ustensiles les plus élémentaires ; la nuit, les animaux couchent sur la paille et la famille sur des nattes.

Les Bédouins sous leurs tentes, où l'air circule librement, se trouvent dans des conditions plus hygiéniques.

Encore si tous les Khroumirs possédaient des gourbis ! mais il y en a qui nichent dans les trous des rochers, à l'instar des oiseaux de proie.

Les habitants d'un petit village des Hamran ont leurs habitations creusées dans les flancs du rocher de Fath-Allah. Ce rocher [1], percé dans sa façade principale de fenêtres carrées, à divers niveaux, est « comme un édifice à plusieurs étages ; il a été creusé de main d'homme, à une époque indéterminée. Il n'est pas facile de parvenir même au premier étage de cette curieuse cité, tant le pied a de peine à trouver l'escalier, c'est-à-dire la série de trous pratiqués dans le roc qui en tient lieu. Jugez de la manière dont on monte à l'étage supérieur. Arrivé sur une plate-forme assez étroite, on se trouve en face de fenêtres-portes, carrées, dépourvues de maçonnerie, à hauteur variable. Les chambres auxquelles ces ouvertures

1. V. *Revue de géographie*, juillet 1881 ; article du Dr Colin.

donnent accès sont habitées ordinairement; cela se reconnaît au premier coup d'œil. Car, indépendamment de la fumée qui les noirçit, les parois ainsi que la voûte ont conservé cette odeur particulière que répand la race indigène: un mélange de sueur humaine et de lainage. Taillés à angles vifs, ces compartiments sont carrés et mesurent environ trois mètres de longueur sur deux de largeur; pour la hauteur, ils dépassent de trente centimètres la taille d'un homme grand. Il n'y a pas un seul de ces réduits où l'on ne remarque la petite niche, encore grasse d'huile, qui reçoit la lampe.

« Ce rocher, percé de loges à toutes hauteurs, constitue une citadelle imprenable et un refuge à l'abri des bêtes fauves. La plupart des outils, ustensiles et objets d'un usage domestique, en avaient été enlevés, lors de notre visite, sauf un soufflet de forge à deux corps, trop lourd sans doute et que son propriétaire n'avait pas eu le temps d'emporter avec le reste de son mobilier. J'ai vu sur plusieurs points de l'Algérie des grottes naturelles hantées par les bergers et servant d'asile aux troupeaux; mais à Fath-Allah, rien de semblable : tout y est l'œuvre de l'homme. Ni fissures, ni excavations dont on ait pu profiter; aucun travail de maçonnerie. Ces logements, qui tiennent plus du perchoir que de la maison, ont été façonnés par le ciseau du tailleur de pierres, et servent non au bétail, mais bien à des familles de Khroumirs, ayant chacune leur foyer séparé du foyer voisin, malgré une communauté sociale évidente. J'en ai remarqué qui paraissaient fraîchement terminés ou en voie d'exécution. Il est possible qu'il existe dans ce massif d'autres cités semblables; en tout cas, c'est la première que nous rencontrons de ce genre. Pour être complet, je dois ajouter que, soit par l'effet du hasard, soit en vue de connaître les heures, la roche tourne au soleil levant sa façade armée de fenêtres, et qu'elle est couronnée d'une esplanade boisée, d'où l'on aperçoit, sans être vu, une vaste étendue de pays, observatoire susceptible de devenir, en cas de guerre, l'avant-poste de cette forteresse naturelle. »

LIBERTÉ. — ÉGALITÉ. — FRATERNITÉ

Le docteur Colin a raison de regarder ces habitations rupestres comme des citadelles. Les Khroumirs n'ont rien plus à cœur que leur indépendance et ils prennent toutes les précautions pour pouvoir la défendre au besoin. C'est donc dans un but de défense qu'ils se creusent des nids dans le roc, d'où leurs yeux perçants comme ceux de l'aigle veillent au dehors; c'est pour se protéger qu'ils construisent leurs villages sur les croupes des montagnes ou au faîte des rochers. De la sorte, le moindre hameau, porté par une crête, est une petite place forte qu'il faut enlever. Que la guerre éclate dans ces contrées d'un accès que les Français seuls ont pu tenter, et les Khroumirs, embusqués dans leurs gourbis, retranchés dans leurs villages, font rouler sur les assaillants une grêle de plomb et de pierres qui a garanti leur liberté et leur nationalité contre les Romains, contre les Arabes, les Turcs, les Espagnols, contre le bey lui-même.

Mais s'ils sont passionnés pour la liberté, les Khroumirs sont aussi de chauds partisans de l'égalité.

Chez eux, la classe pauvre ne se distingue pas, comme

chez nous, de la classe aisée par son extérieur, ses manières, son langage et ses habitudes. En voyant assemblés tous les habitants d'un village, il est fort difficile de dire quels sont les pauvres, quels sont les riches. Les vêtements sont uniformément malpropres et déguenillés. La différence d'éducation et d'instruction n'existant pas, le fakir se mêle familièrement à la société du chef, qui ne s'étonne ni ne s'irrite de son contact. N'allez pas demander à un de ces hommes s'il est noble, bourgeois ou prolétaire, il ne vous comprendrait pas. Chez les Khroumirs, il n'y a que des Khroumirs *tirant plus ou moins le diable par la queue,* mais tous égaux devant Mahomet et devant la loi, tous citoyens, tous soldats, ayant tous, du moins en principe, les mêmes devoirs et les mêmes droits, bien qu'en fait, ils ne prennent pas une part égale aux affaires publiques.

La fraternité n'est pas non plus un vain mot pour ces mahométans. Je ne sais pas s'ils connaissent le précepte divin : « Aidez-vous les uns les autres. » Dans tous les cas, ils l'observent aussi bien que beaucoup de catholiques.

Ainsi donc cette belle devise que nous lisons seulement depuis 1789 sur le frontispice de nos édifices publics est, depuis des siècles, une réalité dans les montagnes khroumires : nous l'avons trouvée gravée dans leur cœur, elle est également inscrite dans leurs institutions politiques et sociales, dans leurs coutumes et leurs lois[1].

1. V. le *Pays des Khroumirs,* de l'auteur.

LES FRANÇAIS EN TUNISIE

DE BIZERTE A LA MANOUBA

Voilà les montagnards auxquels le général Forgemol avait été chargé de démontrer expérimentalement notre existence. Il la démontra si bien, que les Khroumirs, qui n'y croyaient pas avant l'expédition, n'en doutaient plus après.

Seulement, dans une guerre les choses ne s'arrêtent pas toujours là où l'on voudrait.

Le gouvernement français avait supposé qu'il suffirait d'occuper quelques points de la frontière, d'infliger une bonne correction aux Khroumirs et de faire une grande démonstration militaire dans le Nord pour amener la pacification de la régence. Mais les événements commandent aux hommes.

Pendant que nous étions à Beja, formant autour des Khroumirs une ceinture de fer pour les enserrer et les réduire, que se passait-il ?

La Porte, non contente de protester contre l'entrée des troupes françaises en Tunisie, et de réclamer, au nom de l'intégrité de l'empire ottoman, l'intervention des puissances européennes, la Porte armait une escadre avec le dessein de débarquer des forces imposantes dans la régence. Informé à temps de ce projet, le gouvernement français y coupa court par l'envoi d'un corps de débarquement à Bizerte. Ce corps, sous les ordres du général Bréart, partit sur *la Dryade* et *la Sarthe*, mais le vent du sud-est ayant retardé l'arrivée de ces deux transports, le contre-amiral Conrad avec les cuirassés le *La Galissonnière*, *la Surveillante*, *le Tourville*, *la Reine Blanche* et *l'Alma*, prit les devants et somma la place de se rendre.

Le gouverneur de Bizerte s'exécuta.

A onze heures, les compagnies de débarquement de nos cuirassés mettaient pied à terre et occupaient immédiatement les forts et les batteries (1er mai 1881).

Dans l'après-midi de la même journée, *la Dryade* et *la Sarthe* arrivaient, escortées par l'aviso à vapeur *le Cassard*. L'armée de terre remplaçait alors l'armée de mer. Mais le 7 mai, le général Bréart, après avoir laissé seulement quinze cents hommes de garnison, quittait Bizerte et s'engageait sur la route de Mateur.

Le pays, dont Mateur est la capitale, répond au nom générique de Mogod.

Les tribus du Mogod sont nombreuses. Ce sont d'abord les Mogods proprement dits, puis les Nefzas, les Hezil, les Makna, etc. Elles sont administrées par des cheiks relevant du caïd de Mateur.

La ville de Mateur est bâtie sur l'oued Djoumir, qui un peu plus loin va tomber dans le lac Echkheul. Tout autour sont de belles plaines. Çà et là sur l'oued et ses affluents, on remarque de magnifiques pâturages où paissent de nombreux troupeaux de bœufs et de moutons.

Les habitants du Mogod descendent à la fois des Maures et des Berbères. Leur physionomie est régulière, plus fière que celle des montagnards khroumirs. On s'aperçoit qu'on est là en face d'une population moins sauvage, qui cultive et s'élève par le travail.

Les gourbis des Khroumirs commencent à disparaître vers les bords de l'oued Zeen. A mesure qu'on avance vers Mateur, on rencontre des maisons bâties en pierres et en briques, des villages un peu dignes de ce nom. Le sol est irrigué par un intelligent aménagement des eaux. Les jardins sont clos de haies. On voit apparaître une industrie encore rudimentaire, comprenant la fabrication de l'huile d'olives, la briqueterie et la poterie. Enfin, chose notable, il n'est pas rare de voir un Mogod se servir... du savon.

Les pentes de l'Atlas dans cette partie du nord de la Tunisie sont boisées. Les forêts sont composées de chênes, d'oliviers sauvages, de chênes-lièges. On a constaté de nombreux affleurements de fer, de plomb, de cuivre. C'est là une des richesses de l'avenir.

Tout à coup, le général Bréart quittant la route de Mateur prenait celle de Fondouk.

Fondouk est situé sur le cours inférieur de la Medjerda.

En effet, après avoir longé au sud la chaîne des Khroumirs, le grand fleuve tunisien continue à suivre l'Atlas en coulant de l'ouest à l'est jusqu'au-dessous de Beja. Là il descend vers le sud jusqu'à Testour, entre les montagnes, qui, par endroits, l'enserrent de très près. Arrivé à cette dernière ville, il change encore de direction et se porte au nord-est jusqu'au coude de Tebourba. Enfin, refoulé par les dernières pentes de la pointe Carthage, il tourne définitivement au nord, et laissant Tunis à droite, vient baigner Fondouk, passer dans la plaine d'Utique, et déverser ses eaux limoneuses dans la Méditerranée, à l'extrémité du golfe de Tunis.

La division Bréart, en route pour Fondouk, comprenait quatre mille hommes, infanterie, cavalerie et artillerie.

Partie de Bizerte dans la nuit du 8 par une pluie battante, elle arriva le matin du 9 à Fondouk, localité située à trente-cinq kilomètres de Tunis.

Sur plusieurs points, la colonne avait été obligée de quitter le chemin, tellement il était détrempé, boueux, impraticable. Lors de l'arrivée à Fondouk, le soleil, heureusement, s'était dégagé des nuages et les troupes avaient pu se reposer un peu sous ses rayons bienfaisants.

Aussitôt le campement établi, les indigènes étaient accourus en foule auprès de la colonne, apportant qui des volailles, qui des moutons, du riz ou autre chose. L'achat des denrées par nos soldats avait produit son effet accoutumé : l'appât du gain avait modifié les dispositions des esprits.

Cependant les transports de la Compagnie transatlantique n'avaient cessé de débarquer des troupes à Bizerte. Deux mille hommes étaient partis à la suite du général Bréart pour Fondouk.

Le 10 au matin, la colonne se remettait en marche. Elle arrivait à huit heures à Sidi-Tabet devant les haras du comte de Sancy, elle faisait halte sur la concession et, à midi, l'avant-garde, composée d'un escadron du 1er régiment de hussards, entrait à Djedeida, sur la ligne de Ghardimaou à Tunis, appartenant à la compagnie Bône-Guelma.

Sur tout le parcours, les populations s'étaient montrées curieuses de voir nos soldats. A Sidi-Tabet, ils avaient été acclamés par une centaine d'ouvriers italiens, qui travaillaient aux nouvelles constructions du haras. A Djedeida, comme la veille à Fondouk, les Arabes avaient apporté des denrées qu'ils avaient vendues à des prix jusqu'alors inconnus.

La nouvelle de l'arrivée subite des Français à Djedeida avait mis la population de Tunis en émoi. Les négociants craignant un soulèvement de la populace fanatique avaient fermé les bazars. Des Arabes parcouraient la ville en criant que les Français allaient y entrer et tout mettre au pillage.

Le gouvernement du bey intervint pour arrêter cette effervescence, qui eût pu prendre des proportions redoutables. La police parcourut les rues et les places de Tunis, annonçant qu'il n'y avait rien à craindre et que les Français ne commettraient aucun désordre. Les casernes furent préparées et les portes de la capitale ouvertes toutes grandes pour indiquer qu'il n'y avait en haut lieu aucune velléité de résistance.

La colonne resta toute la journée à Djedeida. Le général Bréart reçut au camp la visite de M. Roustan.

Le camp de Djedeida n'avait pas été plus tôt installé qu'il s'était trouvé envahi par une grande partie de la population tunisienne, accourue par le chemin de fer pour voir la mine de nos jeunes soldats. On l'avait laissée circuler librement dans le camp et elle était repartie enchantée de sa visite.

On se racontait, à Djedeida, la curieuse aventure arrivée le matin même à deux cavaliers du 1er régiment de hussards. Ils avaient failli prendre Tunis. Partis en estafettes de Fondouk, ils s'étaient trompés de route et s'étaient tout à coup trouvés devant une des portes de Tunis. Les gardiens, frappés de terreur, s'étaient enfuis. Nos deux soldats reconnaissant alors leur bévue avaient fait volte-face pour gagner le camp de Djedeida.

Le 12, la colonne s'était portée de Djedeida à la Manouba, petite localité à dix kilomètres seulement de la capitale de la régence [1].

Toute cette contrée est plantée d'oliviers aux troncs plusieurs fois séculaires, mais rudes d'aspect. Çà et là, des constructions toutes récentes ont accaparé les plus beaux débris de l'antiquité, les matériaux des villes mortes, de Carthage ou d'Utique.

1. V. *les Français en Afrique,* ou *la Guerre en Tunisie.*

LE TRAITÉ DE KASSAR-SAÏD

L'occupation inattendue de Bizerte et la marche imprévue de la division Bréart sur Tunis avaient été un véritable coup de théâtre. Jusque-là, l'attention s'était uniquement portée sur les Khroumirs, et il n'était venu à l'idée de personne que, les montagnards une fois châtiés, nos soldats iraient sur la basse Medjerda peser sur les décisions du bey ; personne n'avait soupçonné les desseins de la France. Négligeant l'appareil d'une démonstration navale, qui aurait pu nous mettre en conflit avec les autres puissances, le gouvernement avait tourné la difficulté en faisant débarquer un corps d'armée à Bizerte et en le portant sur Tunis par une marche dont la rapidité avait déconcerté toutes les prévisions. La colonne française était à Djedeida, quand on la croyait encore à Mateur.

Mohammed-es-Sadok lui-même y avait été pris. Il s'était bien hâté de protester contre l'occupation de Mateur, comme il avait protesté contre l'entrée des Français en Tunisie et contre l'occupation d'El Kef, de Tabarka et de Bizerte. Mais l'encre de sa plume n'était pas encore séchée que le général Bréart, du pommeau de son épée, heurtait à la grille du Bardo. Il était chargé par le gouvernement de la république de présenter au bey un traité de garanties et de le lui faire signer. En cas de refus, il devait occuper Tunis.

Suivant une parole célèbre, le moment était venu pour le bey *de se soumettre ou de se démettre*.

La scène allait cette fois se passer non à Versailles, mais au Bardo.

Le bey habite rarement Tunis où il a cependant un palais; il réside, pendant les huit mois de chaleur, à la Goulette, au nouveau sérail, sorte de chalet fort élégant bâti sur pilotis aux bords de la mer; il passe l'hiver au Bardo, à deux kilomètres environ au nord-ouest de Tunis, sur la ligne du chemin de fer et non loin de la Sebkha-el-Sedjoumi.

Le Bardo est une agglomération assez confuse de bâtiments, semblable à une petite cité, où se trouvent, à côté du palais souverain, les locaux des ministères, le quartier général de l'armée tunisienne, le tribunal suprême où le bey rend en personne la justice, la prison d'État, un hôtel des monnaies, un bazar, des rues, des cours, des galeries.

Après avoir franchi l'enceinte, passé devant le palais du premier ministre, traversé la cour du harem, on arrive dans la cour dite des Lions.

En face est le château de Kassar-Saïd, la résidence particulière du bey.

Le général Bréart s'y présenta le 12 mai, à quatre heures, par une pluie torrentielle, accompagné de son état-major, et escorté par deux escadrons de hussards. Les hussards se rangèrent en bataille devant la grille. Le général et ses officiers s'engagèrent dans le jardin.

Le jardin du Bardo est splendide. Il est planté d'arbres au feuillage énorme, d'orangers, de citronniers, de mûriers, décoré de statues et de groupes en marbre et en bronze.

Le général Bréart descendit de cheval devant la grande porte du palais, et, suivi de son état-major, gravit l'escalier des Lions, escalier majestueux dont les marches se terminent par des lions en marbre de Florence.

Dans un angle du perron était massée la valetaille, composée de natifs et de nègres, qui ouvraient de gros yeux pour mieux voir nos officiers. Le vestibule était encombré de fonctionnaires tunisiens[1].

Mohammed-es-Sadok attendait le général dans le salon d'apparat.

En voici la description telle que nous la donne M. des Godins de Souhesmes, dans son livre sur Tunis :

« Le salon d'apparat est disposé à l'européenne. Les murs, couverts de velours brodé d'or, supportent de magnifiques portraits grandeur naturelle, entre autres ceux du roi Louis-Philippe, en tapisserie des Gobelins; de Napoléon III, d'après Winterhalter; de divers souverains d'Europe, des princes de Tunis et le portrait du bey, ces derniers dus au pinceau d'un artiste français, M. Maynier, peintre ordinaire de Son Altesse. Les tapis de Perse, la coupole bleu et or à laquelle est suspendue une lampe d'or en forme de porte-voix, des consoles Louis XV, des porcelaines, des pendules rocaille, des fauteuils dorés, des ottomanes, des divans en velours ou en soie, font de cette salle de réception une merveille de luxe et de richesse. »

Quand le général parut, M. Roustan, qui était au

1. V. *les Français en Afrique,* ou *la Guerre en Tunisie.*

palais, s'avança et le présenta, ainsi que les officiers, au bey.

Le premier ministre Mustapha était présent.

Mohammed-es-Sadok avait une figure calme et digne. Ses traits graves étaient empreints d'urbanité. Il se tenait debout.

D'un geste gracieux il invita le général et ses officiers à s'asseoir.

Le général, tirant alors un papier de sa poche, donna lecture de la déclaration suivante :

« Le gouvernement de la république française, désirant terminer les difficultés pendantes par un arrangement amiable qui sauvegarde pleinement la dignité de Votre Altesse, m'a fait l'honneur de me désigner pour cette mission.

« Le gouvernement de la république française désire le maintien de Votre Altesse sur le trône et celui de votre dynastie. Il n'a aucun intérêt à porter atteinte à l'intégrité du territoire de la régence. Il réclame seulement des garanties jugées indispensables pour maintenir les bonnes relations entre les deux gouvernements. »

Il lut ensuite le texte même du traité :

TRAITÉ

ENTRE LE GOUVERNEMENT DE LA RÉPUBLIQUE FRANÇAISE ET LE BEY DE TUNIS.

« Le gouvernement de la république française et celui de Son Altesse le bey de Tunis,

« Voulant empêcher à jamais le renouvellement des désordres qui se sont produits récemment sur les frontières des deux États et sur le littoral de la Tunisie, et désireux de resserrer leurs anciennes relations d'amitié et de bon voisinage, ont résolu de conclure une convention à cette fin dans l'intérêt des deux hautes parties contractantes.

« En conséquence, le président de la république française a nommé pour son plénipotentiaire M. le général Bréart, qui est tombé d'accord avec son Altesse le bey sur les stipulations suivantes :

« Article premier. — Les traités de paix, d'amitié et de commerce et toutes autres conventions existant actuellement entre la république française et Son Altesse le bey de Tunis sont expressément confirmés et renouvelés.

« Art. 2. — En vue de faciliter au gouvernement de la république française l'accomplissement des mesures qu'il doit prendre pour atteindre le but que se proposent les hautes parties contractantes, Son Altesse le bey de Tunis consent à ce que l'autorité militaire française fasse occuper les points qu'elle jugera nécessaires pour assurer le rétablissement de l'ordre et la sécurité des frontières et du littoral. Cette occupation cessera lorsque les autorités militaires françaises et tunisiennes auront reconnu, d'un commun accord, que l'administration locale est en état de garantir le maintien de l'ordre.

« Art. 3. — Le gouvernement de la république française prend l'engagement de prêter un constant appui à Son Altesse le bey de Tunis contre tout danger qui menacerait la personne ou la dynastie de Son Altesse ou qui compromettrait la tranquillité de ses États.

« Art. 4. — Le gouvernement de la république française se porte garant de l'exécution des traités actuellement existants entre le gouvernement de la régence et les diverses puissances européennes.

« Art. 5. — Le gouvernement de la république française sera représenté auprès de Son Altesse le bey de Tunis par un ministre résident, qui veillera à l'exécution du présent acte et qui sera l'intermédiaire des rapports du gouvernement français avec les autorités tunisiennes pour toutes les affaires communes aux deux pays.

« Art. 6. — Les agents diplomatiques et consulaires de la France en pays étrangers seront chargés de la protection des intérêts tunisiens et des nationaux de la régence.

« En retour, Son Altesse le bey s'engage à ne conclure aucun acte ayant un caractère international sans en avoir donné connaissance au gouvernement de la république française et sans s'être entendu préalablement avec lui.

« Art. 7. — Le gouvernement de la république française et le gouvernement de Son Altesse le bey de Tunis se réservent de fixer, d'un commun accord, les bases d'une organisation financière de la régence, qui soit de nature à assurer le service de la dette publique et à garantir les droits des créanciers de la Tunisie.

« Art. 8. — Une contribution de guerre sera imposée aux tribus insoumises de la frontière et du littoral. Une convention ultérieure en déterminera le chiffre et le mode de recouvrement, dont le gouvernement de Son Altesse le bey se porte responsable.

« Art. 9. — Afin de protéger contre la contrebande des armes et des munitions de guerre les possessions algériennes de la république française, le gouvernement de Son Altesse le bey de Tunis s'engage à prohiber toute introduction d'armes ou de munitions de guerre par l'île de Djerba, le port de Gabès ou les autres ports du sud de la Tunisie.

« Art. 10. — Le présent traité sera soumis à la ratification du gouvernement de la république française, et l'instrument de la ratification sera remis à Son Altesse le bey de Tunis dans le plus bref délai possible. »

Mohammed-es-Sadok avait écouté cette lecture en silence. Quand elle fut terminée, il resta quelques minutes plongé dans une profonde réflexion. Il en sortit pour demander au général quelques jours d'examen.

Le général Bréart se leva.

« J'ai pour instruction d'attendre jusqu'à huit heures, » dit-il en s'inclinant.

Mohammed-es-Sadok se récria. Le délai accordé par le gouvernement français était trop court. Il avait besoin, avant de prendre une décision, de consulter son conseil.

Le général insista.

« Il nous faut, dit-il, une réponse aujourd'hui même. »

M. Roustan intervint.

« Le traité qui est soumis à la signature de Votre Altesse, dit-il, n'est pas nouveau pour elle. Tous les articles en ont été discutés avec le premier ministre, ici présent. Ils ont été l'objet de longues délibérations dans le conseil tunisien. Son opinion doit être faite. Du reste, Votre Altesse peut le convoquer à l'instant même. »

Le général Bréart joignit ses instances à celles de M. Roustan. Il répéta que les ordres du gouvernement français étaient précis, qu'il ne pouvait, en ce qui le concernait, se prêter à aucun atermoiement, qu'il fallait absolument prendre une décision.

« La chose étant imposée, dit le bey, je n'ai qu'à me soumettre aux volontés du gouvernement français. »

Pour concilier toutes les exigences, on convint alors de prolonger le délai jusqu'à neuf heures. Sur cet accord, le général Bréart et ses officiers prirent congé du bey.

A neuf heures, notre envoyé se présentait de nouveau. Mohammed-es-Sadok lui remettait le traité qui était signé depuis une heure.

« Je vous demanderai une faveur, dit le bey, c'est de ne pas faire entrer les troupes françaises à Tunis.

— L'entrée à Tunis n'était pas dans nos prévisions, répondit le général. Je suis heureux d'annoncer à Votre Altesse qu'il sera fait selon ses désirs. »

NI ABANDON, NI ANNEXION. — PROTECTORAT

Voilà comment fut signé le 12 mai 1881, à Cassar-Saïd, entre le gouvernement de la république française et le bey de Tunis, ce qu'on appelle le traité de garanties ou de *protectorat,* ce qui est identiquement la même chose. Si le mot de « protectorat » n'est pas prononcé, s'il n'est pas dans le texte ou la lettre même du traité, il est du moins dans le fond, il ressort à chaque ligne de ce document diplomatique. En effet, la substitution de la France à la Tunisie au point de vue militaire (art. 2), au point de vue politique (art. 3), au point de vue européen ou international (art. 4, 5, 6), au point de vue financier (art. 7) et dans la police intérieure de la régence, qu'est-ce autre chose qu'un *protectorat ?*

Malgré les avantages très réels qu'il nous procurait, ce traité fut vivement attaqué par les partis politiques dans la presse et dans les deux Chambres, les uns le trouvant onéreux, les autres insuffisant, en d'autres termes les uns prêchant l'abandon, les autres l'annexion de la Tunisie.

Il est évident qu'à première vue l'abandon paraissait la solution la plus simple, comme n'apportant aucune charge, comme ne pouvant entraîner aucune responsabilité, comme mettant fin à toutes les difficultés, à toutes les ouvertures de crédits, à toutes les nécessités de la situation, en un mot à tous nos sacrifices en hommes et en argent. On s'en serait allé après une réparation purement nominale ou bien après une simple rectification de frontières à notre profit, car personne ne songeait à demander au bey une indemnité pécuniaire qu'il ne pouvait nous payer. L'abandon paraissait donc aux esprits superficiels et irréfléchis la solution la plus simple, et en réalité c'était la plus redoutable dans ses conséquences. En effet, abandonner la Tunisie, c'était s'exposer à recommencer dans un avenir plus ou moins éloigné l'expédition tunisienne; c'était ruiner de nouveau dans l'esprit des populations notre prestige militaire si heureusement rétabli par nos armes; enfin, étant donné le caractère arabe, c'était livrer sans défense non seulement les Français et protégés français, mais encore les Européens résidant à Tunis, ainsi que leurs familles et leurs biens, aux rancunes et à la vengeance de l'élément indigène surexcité par le fanatisme religieux. Le départ de nos troupes eût été le signal de tous les massacres et l'anéantissement de tous les avantages si péniblement et si chèrement achetés par nos soldats.

Voici en quels termes saisissants, le 2 décembre 1881, Gambetta, alors président du conseil, ministre des affaires étrangères, dans un discours prononcé à la Chambre des députés, traçait le tableau des conséquences de l'évacuation de la Tunisie par les troupes françaises :

« L'abandon!... Je ne parle pas, ne voulant soulever aucune espèce d'émotion dans la Chambre, — je ne parle pas du discrédit que l'abandon attirerait sur notre politique et sur notre puissance extérieure, non. eulement en Europe, mais peut-être dans tout le monde musulman, et partout où vous avez des intérêts et des points de contact avec une puissance commerciale ou coloniale quelconque. Non, je ne veux pas jeter votre attention dans cette direction. Je me place au point de vue spécial de la Tunisie elle-même, des effroyables responsabilités qui seraient la conséquence d'une évacuation... Sortez de la Tunisie sans savoir qui y entrera demain, et vous pouvez être sûrs que les tribus que vous aurez chassées reparaîtront altérées de vengeance, et que si elles rencontrent sur leur chemin, je ne dis pas un Français, mais un Européen quelconque, ce sera par le meurtre, le pillage, le vol, qu'elles se vengeront ! Et alors, c'est à vous, c'est à la France qu'on demandera légitimement compte de l'abandon que vous avez fait, de la retraite de votre armée, de votre pavillon. »

Rester à Tunis était donc pour la France et pour la république une question d'honneur autant que d'intérêt national et européen.

Quant à l'annexion, elle n'était pas plus dans les précédents diplomatiques que l'abandon.

Nulle part, en effet, ni dans les correspondances de nos agents en Tunisie, ni dans les notes du ministère des affaires étrangères on ne trouve le mot d'annexion ; dans les unes comme dans les autres, il n'est question que de la nécessité possible d'une occupation de la régence par nos armes, il n'est nullement question d'annexion. Et pourquoi ?

Parce que l'annexion apparaissait comme la plus lourde des charges et comme la plus dangereuse des solutions au point de vue européen.

La plus lourde des charges, parce qu'en substituant d'une façon violente et brutale la France au gouvernement beylical, parce qu'en supprimant la dynastie, on transformait par cela même le beylik en un département algérien, parce qu'on s'imposait l'obligation d'installer en Tunisie aux frais du Trésor français une administration fort coûteuse, parce qu'on affrontait les rancunes et les résistances des populations et qu'ainsi on se mettait dans la nécessité d'entreprendre dans le détail la conquête de la régence, au risque de beaucoup d'hommes et de beaucoup d'argent.

La plus dangereuse des solutions au point de vue international à cause des embarras qu'elle pouvait nous créer avec certaines puissances européennes, notamment avec l'Angleterre et l'Italie.

L'Angleterre, qui n'est pas encore guérie de ses vieilles rancunes contre la France, l'Angleterre observe avec une inquiétude visible chacun de nos pas sur la terre africaine, soit au nord, soit à l'ouest ou au centre : nos ambassades au Niger et au Foutah-Djallon, nos projets de chemins de fer sénégalais, les voyages de M. de Brazza à l'Ogooué éveillent sa jalousie et elle tremble à la seule idée du *Transsaharien* qui, s'il se réalisait jamais, nous donnerait le monopole du trafic avec le Soudan et lui enlèverait du même coup sa prédominance sur la Méditerranée, en nous permettant de déboucher au centre et de tourner ainsi ses deux positions de Gibraltar et de Chypre qui en commandent l'entrée, l'une à l'ouest et l'autre à l'est.

Dans ces conditions, l'Angleterre aurait vu de très mauvais œil la Tunisie, avec ses stations maritimes si importantes, tomber définitivement entre les mains de la France, déjà maîtresse de plus de cinq cents lieues de côtes dans le bassin de la Méditerranée. Aussi, au moment de l'expédition tunisienne, le cabinet anglais n'avait-il pour ainsi dire donné carte blanche au gouvernement français qu'après avoir reçu l'assurance réitérée que les conventions existantes entre Tunis et l'Angleterre seraient maintenues et respectées, que les privilèges commerciaux des sujets britanniques ne seraient pas lésés, que la constitution de la commission financière internationale ne serait pas modifiée sans le consentement préalable des nations représentées, enfin que la république française répudierait toute idée d'annexion par la France de la Tunisie.

Et le traité du Bardo était à peine signé que l'ambassadeur d'Angleterre à Paris, lord Lyons, s'empressait de rappeler à M. Barthélemy Saint-Hilaire ses engagements.

« Dans la conversation du 10 de ce mois (mai), comme dans différentes occasions antérieures, Votre Excellence a désavoué toute intention de conquête ou d'annexion de la part de la France.

« Peu de temps auparavant, Votre Excellence m'avait déclaré que le gouvernement français n'avait certainement pas l'intention de créer un port à Bizerte, bien qu'il fût possible qu'une entreprise française privée, pût éventuellement, dans l'avenir, se charger de faire sur ce point des travaux pour l'établissement d'un port de commerce.

« Votre Excellence m'a de plus assuré, que tous les traités entre Tunis et les autres puissances (lisez l'Angleterre), seraient maintenus et respectés. Mais lord Granville remarque que vous avez parlé de l'éventualité d'une revision de quelques-uns des traités.

« Le gouvernement de la reine serait heureux d'être assuré que, d'après la manière de voir du gouvernement français lui-même, tous les droits dont jouissent aujourd'hui les étrangers (les Anglais) demeureront intacts ; que les étrangers (les Anglais) jouiront, dans leurs relations commerciales, de la même liberté qui leur a été assurée jusqu'ici, qu'aucune tentative ne sera faite pour assurer des privilèges exclusifs ou différentiels aux sujets ou citoyens d'un pays (aux Français) sur ceux d'autres pays (les Anglais), et que la position des créanciers de la régence (Anglais) ne sera pas affaiblie. »

NOTE DU 14 MAI 1881

Pour calmer les appréhensions britanniques, M. Barthélemy Saint-Hilaire répondit le 16 mai :

« Je ne fais aucune difficulté de vous répéter ici ce que je vous ai dit déjà, et je puis vous affirmer que nos arrangements avec le bey ne comprennent aucune stipulation qui ne soit conforme aux assurances que je vous ai données. Je réponds implicitement ainsi et d'une manière qui, j'aime à le croire, vous paraîtra concluante, à vos observations concernant le port de Bizerte.

« Nous n'avons pas plus le désir de nous annexer Bizerte que tout autre point de la Tunisie. Sans doute, comme je vous l'ai spontanément indiqué, il est possible que nous soyons amenés à favoriser le développement commercial de ce port et à encourager les tentatives qui seraient faites, dans l'intérêt même de la régence, pour en améliorer les conditions matérielles.

« Mais quelles que soient les entreprises que des sociétés privées veuillent tenter à Bizerte, il n'entre nullement dans nos projets de dépenser aujourd'hui les sommes énormes et de commencer les travaux gigantesques qui seraient nécessaires pour transformer cette position en un port militaire pouvant servir de base à des opérations de guerre maritime. Là, comme dans le reste de la régence, l'action de la France ne s'exercera qu'en vue de progrès pacifiques, qui devront profiter aux autres nations, aussi bien qu'à nous-mêmes. La seule conquête que nous méditions est celle de la civilisation dans un pays encore trop arriéré. »

L'annexion, c'était sinon la guerre, du moins la brouille avec l'Angleterre ; c'était aussi la brouille, non pas passagère cette fois, avec l'Italie, qui nous en voulait déjà sincèrement de n'avoir pu nous évincer, et dont le cœur, comme un endroit sensible et une plaie vive, saignait encore des blessures faites à son orgueil et des coups portés à ses espérances. C'est pour lors que l'opinion publique italienne déjà si montée aurait fait explosion. Le ministère Cairoli n'avait-il pas été renversé pour avoir fait une déclaration de neutralité, au moment des affaires de Tunisie, avant même qu'on connût les vues de la France sur la régence !

Enfin, dernière considération, l'annexion aurait reculé notre frontière orientale jusqu'à la Tripolitaine. Or, bien que le contact avec la Porte soit moins irritant, bien qu'il ait perdu même de son danger, la pire frontière pour nos possessions algériennes serait une frontière turque, car, comme le disait fort justement M. le duc de Broglie au Sénat, la Porte étant sous la protection de l'Europe, être son voisin, c'est être le voisin de tout le monde, et avoir des démêlés avec elle, c'est les avoir avec toute l'Europe.

Ne pouvant donc ni abandonner ni annexer la Tunisie, il ne nous restait plus qu'à la placer sous notre *protectorat,* en ramenant sous notre influence le bey, qui cherchait visiblement à y échapper, en le gagnant à nos intérêts, en le liant à nous par des traités, notamment par des traités qui ne lui permettraient pas, à un moment donné, de se lier avec d'autres puissances ; en un mot et pour dire nettement les choses, en faisant de lui à la porte orientale de notre grande colonie africaine un gardien, un portier fidèle, vigilant, ajoutons suffisamment sympathique, soumis à notre domination et dévoué à notre politique.

« Cette politique, disait Gambetta dans le discours précité, a été la politique constante de tous les gouvernements colonisateurs depuis les Grecs, les Romains, les Carthaginois jusqu'aux Anglais, qui sont et qui restent nos maîtres dans cette matière; cette politique consiste précisément à agir sur le prince, sur le rajah et à trouver avec lui des accommodements qui, en même temps qu'ils garantissent la sécurité intérieure de ses États, garantissent le pouvoir protecteur contre les intrigues, les menées, les manœuvres des rivaux. Je dis, Messieurs, qu'il ne faut pas hésiter à suivre cette politique. Le protectorat ainsi compris n'est pas l'annexion déguisée, mais la négation de l'annexion. C'est, au jour le jour, je le répète, la présence vigilante, permanente, tangible d'un agent du gouvernement, surveillant tous ses intérêts, intervenant à chaque instant et pouvant empêcher des déviations et des compromissions fatales aux intérêts mêmes du pays qu'il représente. »

Aux yeux de Gambetta et du gouvernement, le protectorat était la meilleure solution de la question tunisienne : il nous permettait de surveiller de haut, de gouverner de haut, de ne pas assumer, malgré nous, la responsabilité de tous les détails de l'administration, de tous les petits faits, de tous les petits froissements que peut amener le contact de deux civilisations différentes.

Une nuit en Afrique. — Chacals et hyènes rôdant autour du camp français.

PACIFICATION DÉFINITIVE DE LA RÉGENCE

Mais le traité du Bardo n'avait pas mis fin à toutes les difficultés. Les tribus s'agitaient tant sur le littoral que sur les autres points de la régence. Quelques jours après la signature du traité de garantie (19 mai), les Mogods s'étaient soulevés, et le général Maurand qui avait rejoint à la Manouba la division Bréart pour concourir avec elle à la démonstration contre le Bardo, avait dû se porter en toute hâte sur Mateur. La ville avait été prise et les montagnards s'étaient enfuis. Mais l'insurrection écrasée sur un point renaissait sur un autre, à Sfax (26 juin) qui fut bombardée et emportée par un coup de main très vigoureux, tout à l'honneur de nos soldats (10 juillet). Peu de jours après, on prenait Gabès, on occupait Djerba, on envoyait des troupes à Tunis pour mettre la ville en sûreté contre les excursions des maraudeurs qui arrivaient jusqu'aux portes du Bardo.

Ces insurrections indiquaient les sentiments des indigènes et commandaient au gouvernement de prendre toutes les mesures de précaution nécessaires, en vue de certaines éventualités possibles et même probables, car le retour de l'automne étant le signal habituel des insurrections sur la terre africaine, il fallait s'attendre à un redoublement de révolte pour cette époque, au sortir du rhamadan, au moment où les Arabes reprennent possession de leur sol et de leur libre vie; il fallait s'attendre à un soulèvement formidable dans le sud de la régence.

Préoccupé de cette redoutable éventualité, le gouvernement envoya un deuxième corps expéditionnaire de 30,000 hommes, presque uniquement constitué avec les quatrièmes bataillons[1]. L'effectif de l'armée d'occupation se trouva ainsi porté à 50,000 hommes. C'est avec cette armée, aux mains de chefs vaillants, habiles, capables de la conduire, qu'on marcha sur Kairouan et qu'on s'en empara.

Depuis cette époque nos troupes n'ont cessé de rayonner dans tous les sens au moyen de colonnes volantes lancées jusqu'à Gabès et à Gafsa pour réduire les tribus insoumises.

Aujourd'hui on peut considérer l'œuvre de pacification comme terminée. Il n'y a guère plus à craindre que quelques retours offensifs de la population vaincue sur quelques points, non à Tunis même et dans ses environs immédiats, mais dans l'intérieur du pays où sévit un fanatisme farouche entretenu par les deux villes saintes d'El Kef et de Kairouan.

A l'heure qu'il est, nous sommes donc maîtres de la

1. On a peut-être tort de les désigner ainsi, car ces bataillons ne portent pas le numéro 4; ils sont en sus des trois bataillons actifs et ne comptent pas dans les cadres de mobilisation; ce sont des bataillons de seconde ligne, destinés à garder les places fortes à la frontière, mission dans laquelle ils peuvent être remplacés, en temps de guerre, par l'armée territoriale. On pourrait les appeler plus justement des bataillons disponibles.

Colonne expéditionnaire, allant de Kairouan à Gafsa.

Tunisie, et nos soldats, après avoir glorieusement rétabli le prestige des armes françaises, se promènent en vainqueurs du nord au sud et de l'est à l'ouest.

Mais si la régence a subi la phase décisive qui en fera désormais une de nos possessions, il s'écoulera longtemps avant qu'elle soit entièrement fondue avec le territoire algérien ou plutôt avec la mère patrie. Le plus difficile n'est pas toujours de conquérir un pays, mais de se l'assimiler.

L'ASSIMILATION DES ARABES EST-ELLE POSSIBLE ?

Il est incontestable que l'assimilation des Arabes peut se faire, large et complète, par des moyens analogues à ceux employés par les Romains, qui, en fusionnant les intérêts et les idées, en admettant les peuples sur le pied de l'égalité, en faisant des vaincus non pas des esclaves, mais des citoyens, étaient arrivés à étendre leur empire, dans le principe si restreint, sur l'univers entier et à former un tout compact, dont la durée a été de plusieurs siècles.

Dans l'opinion de beaucoup de gens cependant, l'assimilation ne serait pas possible, une barrière infranchissable nous séparerait des Arabes qui sont et seront réfractaires à tout progrès.

A l'appui de leur opinion, ils citent toujours l'historiette suivante rapportée par le général Daumas :

« Tu me demandes, disait au duc d'Isly le vieil agha Mustapha-ben-Ismaël, si, au lieu de nous entre-détruire éternellement, nous ne pourrions pas, au moyen de concessions mutuelles et en développant un grand bien-être parmi les masses, parvenir un peu plus tôt, un peu plus tard, à vivre en bonne intelligence, côte à côte et sur le même sol que les Arabes, qui entreraient ainsi dans la voie du progrès. Veux-tu que je te dise à cet égard toute la vérité? Et, si je te la dis, ne m'en voudras-tu pas?

— Non, je te le jure; tu me rendras un grand service.

— Eh bien, écoute-moi avec attention, je vais te parler aussi sincèrement que si j'étais au jour du jugement dernier, quand nous aurons Dieu pour cadi et les anges pour témoins.

— Parle.

— Les Arabes ont en horreur toutes les innovations, de quelque part qu'elles viennent, et rester exactement dans les mœurs, dans les coutumes, dans la religion de leurs pères leur paraît le suprême bonheur. Quand on leur vante ces progrès qui vous séduisent tant, ils répondent invariablement : *A ahna tabaaïne,* ou *machi badaaïne* (nous sommes des gens qui suivent et non des gens qui inventent).

Prends un Français et un Arabe, mets-les dans une marmite et fais-les bouillir ensemble à gros bouillons pendant vingt-quatre heures, tu reconnaîtras encore le *bouillon du chrétien* et le *bouillon du musulman.* Ils ne seront pas plus mêlés que leurs idées ne peuvent se confondre. »

Le mot est très joli ; mais ce n'est qu'un mot.

Non, il n'y a plus, entre la population orientale et occidentale, de haine irréconciliable.

Le fanatisme contre les chrétiens n'existe que parmi la race turque et non parmi la race arabe qui pratique l'islamisme dans la pureté de son origine et qui, en suivant les préceptes du Coran, ne considère comme infidèles que les idolâtres et non les chrétiens.

D'ailleurs, les personnes parfaitement au courant des choses africaines savent que c'est le patriotisme, bien plus que le fanatisme, qui a toujours inspiré la résistance des Arabes.

La religion était le seul drapeau autour duquel la nationalité pût se rallier pour coordonner ses efforts ; il est incontestable qu'elle a été un puissant stimulant pour affronter les dangers d'une lutte disproportionnée, pour supporter les maux de la guerre, la ruine, l'exil, la misère ; mais depuis qu'au mois de décembre 1847, Abd-el-Kader a déclaré que la résistance était impossible à continuer, la religion n'a pas été un seul instant un obstacle à la pacification.

Les tribus épuisées ont accepté la domination française, le prétendu fanatisme a disparu comme par enchantement ; dans les rapports créés par la paix, les impôts ont été exactement payés, les chefs investis ont été partout obéis.

Non, les Arabes ne sont pas réfractaires à tout progrès.

En disant cela, on oublie qu'ils ont surpassé en civilisation les peuples contemporains. Ceux-ci étaient dans la nuit noire du moyen âge, tandis qu'en Afrique, en Asie, en Espagne, la race arabe était dans toute sa clarté.

Elle possédait seule toutes les branches du savoir humain. La philosophie, la médecine, l'astronomie, l'arithmétique, la géométrie, l'algèbre, l'architecture, la boussole, les arts mécaniques lui étaient connus. Dans l'alliance de Charlemagne avec Haroun-al-Raschid, le barbare, c'était Charlemagne[1].

La civilisation européenne aurait donc tort de regarder les Arabes comme des barbares incorrigibles.

« Les Arabes qui servent sous nos drapeaux, dit M. Fer-

1. V. *les Français en Afrique.*

dinand de Lesseps [1], ont conquis une place brillante à côté de nos plus vaillantes troupes ; sous l'impulsion des habiles officiers qui dirigeaient les bureaux arabes, les indigènes avaient construit des maisons qu'ils commençaient à habiter, ils avaient planté des arbres, élevé des barrages, étendu leurs cultures, amélioré les voies de communication, et se soumettaient aux premiers essais pour la constitution d'un état civil régulier.

« Lorsque nous leur avons confié des armes, il a suffi de mettre à leur tête des officiers intrépides et bienveillants pour en faire des soldats hors ligne.

« Quand nous leur donnerons des chefs industriels, bien choisis, nous retirerons de précieux avantages des heureuses dispositions que possèdent les diverses races algériennes.

« Mais, pour réussir, il est indispensable qu'on se place vis-à-vis des musulmans au point de vue de la bienveillance et de la sympathie dues à des hommes que nous aurons un jour à déclarer citoyens français.

« ...Un respect sincère pour la religion et pour les mœurs, une grande équité dans notre administration, une sollicitude constante pour le bien-être des populations et pour leur instruction nous aideront à faire la conquête des cœurs comme, par la bravoure de nos soldats, nous avons dompté la résistance armée. »

Ces considérations, ces réflexions sur l'assimilation de la race arabe s'imposent plus que jamais à la France, aujourd'hui que son protectorat sur la Tunisie va s'affirmer sous une forme effective, aujourd'hui que commence l'œuvre de réorganisation générale de ce pays.

1. V. *la Nouvelle Revue*, n° du 1er décembre 1881.

RÉORGANISATION DE LA TUNISIE

Le gouvernement prépare, en effet, un projet d'exécution du traité du Bardo au point de vue financier, au point de vue judiciaire, au point de vue administratif, au point de vue que nous appellerons douanier, au point de vue agricole et au point de vue commercial.

Mais, étant donnés l'état de la régence, l'incapacité de la dynastie qui règne à Tunis, la corruption et l'improbité de ses ministres, les vices de l'administration la plus inintelligente et la plus oppressive, les dilapidations qui s'y commettent, la réorganisation de la Tunisie est-elle possible ?

M. Camille Pelletan ne le croit pas, et, pour établir l'impossibilité de transformer la régence, il nous trace de main de maître le tableau suivant du gouvernement beylical :

« Un gouvernement oriental, dit-il, ne ressemble en rien à un gouvernement européen : pas de justice, pas de travaux publics, pas d'instruction publique ; rien, si ce n'est une armée qui ne se bat pas... ; c'est une armée de recors qu'on envoie, suivant la saison, lever les impôts dans une partie ou dans une autre de la Tunisie ;

elle n'a pas d'autre utilité. A côté de cette armée se trouve une administration dont le seul effet connu est d'acheter ses places très cher, — cinquante mille à cent mille piastres au premier ministre, — et de se rattraper ensuite sur les populations. S'il existe une institution dans ce pays, c'est le *bakchich,* c'est le pot de vin qui règne de haut en bas.

« En vingt ans seulement, quatre ministres, arrivés esclaves à Tunis, par conséquent sortis de rien, ont pu quitter la Tunisie en emportant les bénéfices de leur petite administration, et à eux quatre, sans compter les autres fonctionnaires, ils ont emporté quatre-vingt-cinq millions pour leur part personnelle, c'est-à-dire sept fois le revenu entier de la Tunisie pendant un an. Voilà ce qu'est le gouvernement tunisien... »

« *M. Jules Ferry.* — Ce sont là des faits antérieurs à l'existence de la commission financière.

« *M. Camille Pelletan.* — L'avant-dernier des ministres tunisiens, qui était Khérédine, est parti en emportant une assez belle fortune personnelle, et, à ce moment, la commission financière fonctionnait.

« Depuis l'existence de la commission financière, on a vu à l'œuvre Mustapha ben Ismaïl, et vous conviendrez que les économies qu'il a pu réaliser ressemblent assez à celles de ses prédécesseurs. Il ne faut donc pas regarder la commission financière comme un obstacle au pillage.

« Mais, à côté de ce monde arabe, si étranger à nos mœurs, à nos institutions, à notre morale, mais qui se sauve par une certaine fierté, il y a une autre population, la population levantine, croisée de juifs d'Orient, de chrétiens d'Orient, syriens, coptes, grecs, d'Européens orientalisés, si mêlée, qu'on n'y peut reconnaître l'empreinte d'aucune race; qui n'a d'autre patrie, en réalité, que l'écume de la Méditerranée; qui brasse toutes les affaires, vous devinez de quelle sorte; qui est de toutes les intrigues, parce qu'on ne peut pas se passer d'elle; qui fait tous les métiers, car il n'en est aucun qui lui répugne, et qui exploite ainsi jusqu'au sang le monde oriental.

« Et comme ces Levantins ont besoin d'une nationalité, au moins pour leur servir d'étiquette, avec les facilités que présente le droit consulaire, ils les prennent toutes tour à tour. Pour mener une affaire, pour nouer une intrigue; — Tunisiens une année, Français ou Anglais l'année suivante, et au fond, bien entendu, toujours Levantins.

« Et puis, il y a des consuls européens.

« Il y a des consuls avec leurs droits exorbitants qui en font les maîtres absolus de leurs nationaux, et qui font de l'étendue de leur juridiction un véritable État dans l'État; il y a les consuls toujours en conflit, ou les uns avec les autres, ou avec le gouvernement du bey, et pesant sur ces conflits du poids des canons de leur pays; les consuls qui sont amenés à se mêler de toutes les affaires, de toutes les intrigues de palais, et à se faire, dans cette population levantine, une clientèle qui leur fournit leurs instruments les plus intimes, une clientèle qui lutte avec eux, qui triomphe avec eux, et qui profite avec eux de la victoire commune[1]. »

Ce n'est pas nous certainement qui nierons l'exactitude de ce tableau tracé avec autant de justesse que de

1. Discours prononcé dans la séance du 1er décembre 1881. — V. dans le même sens, le discours prononcé à une séance précédente, le 8 novembre, par M. Clémenceau.

talent dans la forme. Oui, nous convenons qu'il y a beaucoup d'abus en Tunisie. Mais s'ensuit-il, comme le prétend M. Camille Pelletan, qu'il soit impossible de les réformer? « Je n'aperçois pas, disait Gambetta, en réponse à l'orateur précité, je n'aperçois pas les obstacles que la France pourrait rencontrer à ces réformes, soit chez les autres nations, soit chez le bey lui-même. Car le bey, qu'on nous présente comme un ennemi persistant, comme un homme qui conserve au fond de son cœur une rancune inexpiable contre les Français qui sont venus l'opprimer, ce bey, il est comme tous les souverains musulmans, prêt à accueillir les étrangers quand il touche le bénéfice de la présence, de l'intelligence et de l'action étrangère. »

D'après Gambetta, l'œuvre de réformes était donc possible, et non seulement elle était possible, mais, à ses yeux, elle était obligatoire; elle s'imposait à la France *protectrice,* pour elle-même d'abord, et puis pour tous les pays qui ont des nationaux et des intérêts en Tunisie.

Eh bien, le traité de Kassar-Saïd confère au gouvernement français le droit et la possibilité de réorganiser la Tunisie; il lui donne pleins pouvoirs pour faire et défaire, pour réglementer et légiférer, en un mot pour tailler en plein drap, à la seule condition d'agir humainement, suivant les règles de la justice, dans l'intérêt de la civilisation et de la Tunisie elle-même.

RÉFORME FINANCIÈRE

De l'avis de tous les hommes compétents, la réforme financière, formant pour ainsi dire le nœud de toutes les autres, doit logiquement les précéder, mais elle ne pourra être sérieusement abordée qu'après la suppression de la commission financière.

Jusqu'en 1869-1870, le bey avait lui-même géré ses finances. A cette époque et sur sa demande, une commission internationale fut chargée d'unifier la dette tunisienne; elle en fixa le capital à cent vingt-cinq millions environ, dont cent millions furent placés en France et le reste en Angleterre et en Italie. Le service d'intérêt et d'amortissement fut confié à cette commission, qui subsiste encore aujourd'hui et qui se compose de deux comités : un comité de contrôle de six membres, dont deux Anglais, deux Italiens et deux Français; et un comité exécutif de trois membres, dont un inspecteur français des finances et deux fonctionnaires tunisiens.

Il faut le reconnaître, cette commission a rendu de réels services, elle a contribué à assainir dans une certaine mesure l'administration du Trésor beylical, qui en avait grand besoin. Mais aujourd'hui, après le traité de Kassar-Saïd, elle est un obstacle et un danger : un obstacle, parce qu'elle empêche l'exercice de notre protectorat; un danger, parce qu'en laissant place à l'intervention étrangère, elle ouvre la porte aux conflits.

Il est évident, en effet, qu'aussi longtemps qu'elle fonctionnera, il sera loisible aux représentants de l'Angleterre et de l'Italie, sous prétexte de sauvegarder les intérêts de leurs nationaux, de s'opposer à nos projets de réforme financière. Notre action se trouvant ainsi paralysée, les plus graves difficultés diplomatiques pourraient naître d'un tel état de choses. L'institution de la commission internationale étant donc incompatible avec l'exercice du protectorat exclusif de la France, il importe de la faire disparaître au plus tôt.

Pour cela divers moyens ont été proposés.

L'un de ces moyens consisterait à faire garantir la dette tunisienne par de grands établissements financiers, tels que la maison Rothschild, le Comptoir d'escompte, le Crédit industriel, la Banque de Paris et des Pays-Bas, la Société générale, la Société marseillaise et le Crédit Lyonnais [1]...

Cette combinaison aurait sans doute pour résultat d'amener la dissolution de la commission financière; mais, dans un intérêt politique supérieur, nous recommandons au gouvernement une mesure en apparence plus radicale et plus hardie, au fond plus prudente et plus sage; nous lui conseillons d'annexer à notre propre dette toute la dette tunisienne [2], de substituer aux garanties anglo-italiennes des garanties exclusivement françaises, en d'au-

1. C'est la solution qui vient d'être adoptée.

2. Le chiffre réel de la dette tunisienne, à l'heure actuelle, est de cent quarante-deux millions, savoir : dette consolidée, cent vingt-cinq millions; dette flottante, dix-sept millions.

tres termes de donner aux créanciers, comme gage, l'autorité morale et le crédit de notre pays.

Il ne saurait en résulter aucun risque, ni aucune perte pour notre Trésor, car il est évident qu'un État dont les ressources étaient, avant l'occupation française, en moyenne de douze à quatorze millions de francs par an, et qui depuis l'occupation les a vues s'élever à seize millons, est parfaitement en mesure de payer une dette dont le service représenterait environ cinq millons de francs après la conversion. Cela n'a pas besoin d'être démontré. La garantie donnée à la dette tunisienne ne serait donc en fait qu'une garantie purement morale, moyennant quoi l'on pourrait, le plus facilement du monde, se débarrasser de la commission financière en la désintéressant et procéder à la plus importante de toutes les réformes, la réforme financière.

La première chose à faire dans cette voie sera de remanier tout le fonctionnement de l'impôt, qui est mal assis, mal réparti, mal perçu.

Les impôts tunisiens sont : la *medjeba* ou capitation, l'*achour* ou impôt de la charrue, le *canoun* ou impôt sur les oliviers et les palmiers, enfin la *lezmat* comprenant toutes les fermes adjugées aux enchères. Le caïd est receveur des contributions directes.

Trois colonnes sortant chaque année de Tunis assurent la rentrée de ces contributions dans les tribus éloignées. Ces colonnes vont l'une au Djerid en hiver, l'autre à Gabès au printemps, et la dernière parcourt, pendant l'automne, le pays de Beja.

Medjeba. La medjeba, auquel tout individu mâle est soumis depuis l'âge de quinze ans, est l'un des plus mauvais impôts sinon le plus mauvais, parce qu'il pèse également sur tout le monde, sans aucune espèce de distinction ni de différence entre les contribuables ; le plus improductif, parce qu'une partie en échappe à la perception, et le plus impopulaire, à tel point que la population refuse de le payer et reçoit à coups de fusil les percepteurs, qui bien souvent sont obligés de s'en retourner les mains vides[1].

C'est la medjeba qui provoqua, en 1863, l'insurrection formidable des Khroumirs où les troupes du bey furent loin d'avoir toujours l'avantage.

Voici les chiffres auxquels s'est successivement élevé, dans ces dernières années, l'impôt de la capitation :

27 piastres en 1869 ;
23 piastres en 1870 ;
40 piastres en 1871 ;
47 piastres 1/4 de 1872 jusqu'à nos jours.

L'achour. Tout laboureur doit payer par charrue deux mesures et demie de blé et deux mesures et demie d'orge, soit en nature, soit en argent, suivant le désir du bey.

L'achour monte, dans la province du Kef, à près de trente-neuf francs par charrue.

Le canoun. L'État perçoit de quinze à vingt craroubes par pied d'olivier, selon le rapport ou l'espèce, et les dattiers acquittent un droit d'une piastre et deux craroubes.

La lezmat. Ce titre comprend l'ensemble des fermes qui chaque année s'adjugent à l'encan (tabacs, octrois, douanes, etc., etc.).

Ce système des fermes est d'autant plus ruineux et vexatoire pour le pays que les caïds eux-mêmes peuvent

1. V. le discours prononcé le 31 mars 1884 par M. Journault à la Chambre des députés.

soumissionner et qu'ainsi ces fonctionnaires se trouvent placés entre leur propre intérêt et celui de l'État et des contribuables. Les fermes sont une source de gros revenus pour le Trésor et fort recherchées en Tunisie.

A côté de ces impôts, il y a ce qu'on appelle les droits d'importation et d'exportation.

Les produits exportés sont soumis à des tarifs énormes.

Ainsi l'huile arrive à payer, au moyen de la fiscalité la plus ingénieuse, de 70 à 80 p. 100. Voici l'énumération des droits auxquels elle est sujette : droit de sol, droit d'arbre, droit d'arrosage, droit de récolte, droit de fabrication, droit de sortie.

La laine qui, avec l'huile, est un des plus riches produits du pays, paye 25 p. 100 ; la chaux 25, la brique 25.

Et pendant que les produits tunisiens sont frappés à la sortie de droits très élevés, les produits étrangers, grâce à certains privilèges, à certaines conventions douanières, heureusement réformables et revisables, n'acquittent, à l'entrée, qu'un droit de 8 p. 100. C'est de la *protection à rebours*. On empêche le contribuable tunisien de travailler, de produire pour le dehors et l'on facilite l'introduction des produits étrangers.

Voilà un aperçu des impôts tunisiens dont certains doivent être remaniés, quelques-uns supprimés, d'autres augmentés ou diminués.

Mais si l'impôt est mauvais par lui-même, la perception, comme elle s'en opère, est peut-être pire. Il n'y a pas de contrôle sérieux. Aussi, qu'arrive-t-il ? Le percepteur dit au contribuable : « Au lieu de payer telle somme, tu n'en payeras que la moitié et quant à l'autre moitié, nous la partagerons. » Mais arrive le caïd qui a deviné la fraude et qui vient encore demander au contribuable une nouvelle part du bénéfice réalisé de cette façon.

De telle sorte que le contribuable finit par avoir payé tout ce qu'il devait payer, mais l'État est bien loin d'avoir reçu tout ce qu'il devait recevoir. Là encore il y a quelque chose à faire, il y a un contrôle à établir : il peut être établi.

La tâche ne sera pas aisée, mais en somme elle ne sera pas plus difficile en Tunisie qu'elle ne l'a été, par exemple, en Égypte.

« Je ne vois pas, disait encore Gambetta, pourquoi on ne pourrait pas appeler du dehors et introduire dans ce pays de bons agents, des administrateurs habiles et éclairés, afin d'y établir un contrôle sérieux en s'assurant de l'exacte probité des préposés à la perception de l'impôt ; je ne sais pas pourquoi l'on ne pourrait pas en même temps soulager ces malheureuses populations comme on a soulagé les malheureux fellahs du Nil, en apportant dans la régence à la fois la justice pour les contribuables et la prospérité pour le pays.

« Oui, Messieurs, cette ébauche de réforme est possible..., et si elle est véritablement appliquée, soyez convaincus que ces revenus qui se perdaient, qui s'égaraient en route, qui partant de Kairouan n'arrivaient à Tunis qu'à l'état d'atome impalpable dans les coffres du bey, je crois qu'ils s'accroîtront et que vous pourrez, en même temps que vous assurerez la protection des créanciers étrangers, développer à l'intérieur les voies et moyens de communication. »

Voilà quelles étaient sur la réorganisation financière de la régence les idées personnelles de Gambetta ; ce sont aussi les nôtres. Pour nous comme pour lui, la réforme de l'impôt se lie nécessairement à celle du personnel, l'une devant être la conséquence de l'autre. Dès lors, conformément à l'article 7 du traité de Kassar-Saïd, on pourrait, ce nous semble, procéder de la manière suivante : un décret prononcerait la dissolution de la commission internationale anglo-franco-italienne, et la direction des finances tunisiennes, en vertu d'une convention spéciale avec le bey, serait confiée à un haut fonctionnaire de notre administration financière, qui, aidé d'un nombre suffisant d'agents secondaires français, délégués surtout comme directeurs et contrôleurs, introduirait dans le maniement des fonds, dans l'assiette et la perception des impôts, l'ordre, la régularité et la probité au grand profit des populations et du gouvernement tunisien lui-même.

En ce qui touche les douanes, cette branche si importante du revenu beylical, on emploierait les mêmes voies et moyens. Les douanes tunisiennes, en dépit des malversations et malgré l'absence de contrôle, donnent, bon an mal an, environ trois millions de francs. Or, nous avons la conviction que, bien administrées, elles rendraient un million de plus. Les protégés de certains consulats sont exempts de toute taxe, beaucoup d'autres personnes aussi ; la suppression de tous les privilèges abusifs viendrait augmenter d'autant le produit annuel.

Alors seulement il serait possible d'établir un budget tunisien, car il n'y en a pas ; il y a bien une liste de dépenses, la plupart parfaitement inutiles et improductives, destinées à pensionner des favoris, à payer des fonctionnaires qui n'ont aucune fonction, des officiers de marine qui ne prennent jamais la mer, des officiers de terre qui ne font jamais campagne ; mais il n'y a pas un budget de dépenses proprement dit, afférent à un service public quelconque.

De même il n'y a pas un budget, mais une simple liste de recettes, très variable, par conséquent très difficile à dresser d'avance, parce que tout dépend de l'énergie du gouvernement, du degré de complaisance des populations et de l'honnêteté des percepteurs.

Voilà tout autant de réformes qui s'imposent.

Selon toute prévision, le régime fiscal de la régence, ainsi réorganisé sous les auspices de la France, aurait probablement pour résultat de donner des revenus bien supérieurs aux intérêts exigibles de la dette. Le surplus de ces revenus serait alors appliqué directement à l'amélioration générale de la Tunisie.

La réforme financière a donc, comme on le voit, un lien nécessaire avec toutes les autres, elle les prépare pour ainsi dire et les rend possibles. Mais pour que toute éventualité d'ingérence étrangère dans les affaires tunisiennes soit écartée, pour que nous puissions exercer pleinement notre protectorat, à la suppression de la commission internationale doit s'ajouter, dans notre pensée, celle des capitulations.

ABOLITION DES CAPITULATIONS

Qu'est-ce que les capitulations?

Leur histoire est un peu ancienne. Pour en découvrir la première origine, il faudrait remonter jusqu'à six siècles en arrière, jusqu'à Philippe le Hardi, qui, pour mettre fin aux croisades, signa un traité où furent stipulées certaines immunités en faveur du commerce français dans le Levant.

Seulement, il est plus classique de faire dater les capitulations de l'année 1535, époque où le roi très chrétien François Ier osa poursuivre une politique d'alliance avec l'islam et obtenir du sultan une charte réglant les rapports des commerçants français avec leurs consuls et établissant en leur faveur une juridiction privilégiée.

Ces chartes ou capitulations primitives, complétées au cours des siècles qui ont suivi, par de nombreuses clauses additionnelles, grossies même par des traités, constituent un ensemble d'immunités de toutes sortes concédées par la Porte Ottomane, pendant longtemps à la France seule, puis, petit à petit, et dans une mesure plus ou moins large, à toutes les nations chrétiennes.

L'un des articles fondamentaux des capitulations est relatif au droit de protection et de juridiction exercé à l'égard de leurs nationaux respectifs par les représentants des diverses puissances.

Contrairement aux usages sanctionnés dans les États civilisés, où les étrangers sont justiciables des tribunaux indigènes, en Tunisie comme dans tout le Levant, ils ne relèvent judiciairement que de leurs consuls.

Il est impossible, dans un pays que nous occupons, de laisser subsister un tel état de choses, car qui détient le droit de justice, détient le pouvoir, tout venant aboutir aux tribunaux, non seulement les procès de l'ordre correctionnel ou criminel, mais toutes les poursuites qui assurent le recouvrement des impôts.

La juridiction particulière des consuls limitant notre action et notre influence, il s'agit donc de la faire disparaître.

La préface de cette mesure est l'institution même des tribunaux français qui viennent d'être créés dans la régence, savoir : un tribunal civil à Tunis, et six justices de paix à Tunis, la Goulette, Bizerte, Sousse, Sfax et El Kef.

Ces tribunaux n'auront d'abord sous leur juridiction que les Français, les protégés français et les indigènes ou sujets du bey ; mais il faut espérer que les étrangers établis dans la régence y seront bientôt soumis, de la même façon que nos nationaux sont soumis à la juridiction des tribunaux anglais à Chypre et des tribunaux autrichiens en Bosnie et en Herzégovine. Le gouvernement français négocie avec les puissances pour arriver à ce résultat.

Déjà l'Allemagne, l'Angleterre, et à leur suite la Belgique, le Danemark, l'Espagne, la Grèce, la Suède, les

États-Unis, le Portugal et la Russie ont répondu qu'elles renonçaient volontiers aux capitulations pour s'en remettre à la juridiction française, qui présente toutes les garanties possibles d'impartialité et d'indépendance.

L'Autriche-Hongrie n'attend pour renoncer à ses privilèges que l'approbation de ses deux parlements.

Seule jusqu'à présent l'Italie, dont la mauvaise humeur persiste, semble se réserver dans cette question comme dans celle de la commission financière, mais il est probable qu'elle finira par céder devant l'unanimité des cabinets et par conclure avec nous un arrangement diplomatique [1].

C'est seulement lorsque les capitulations et la commission financière seront abolies, que le protectorat de la France sur la Tunisie pourra devenir une réalité effective.

1. Au moment où nous publions ce travail, les capitulations peuvent être considérées comme abolies. Le gouvernement italien, après avoir longtemps hésité, vient de consentir sinon à supprimer formellement sa juridiction consulaire en Tunisie, du moins à en *suspendre provisoirement* l'exercice. Il n'y aura donc plus désormais, en Tunisie, pour les étrangers, d'autres tribunaux que les tribunaux français auxquels aboutiront toutes les questions de l'ordre civil ou financier et toutes celles qui sont relatives à la perception des impôts.

Mais, en attendant, le gouvernement doit se préoccuper de la création d'une force indigène qui nous permette tout à la fois de réduire les charges de l'occupation et de rappeler les troupes nécessaires à la mobilisation de notre armée nationale.

Cette force, dont l'organisation vient même de commencer, se composera d'éléments français et indigènes; elle comprendra de l'infanterie, de la cavalerie et de l'artillerie de campagne.

Dans chacune des armes, sauf l'artillerie, exclusivement réservée aux Français, les indigènes seront en nombre sensiblement égal au nombre des Français, cadres et troupe.

En raison de leur service spécial, les officiers seront montés.

L'élément indigène étant admis, le recrutement sera pour ainsi dire sans limites. En effet, avec les dispositions belliqueuses des Arabes, il sera toujours facile de trouver des hommes aguerris et habitués aux fatigues. Si l'on voulait, on pourrait, presque en un instant, mettre debout une armée considérable. Mais la garde de la Tunisie, aujourd'hui surtout que la pacification est terminée, ne demande pas plus de vingt mille hommes. La frontière occidentale se trouvant, par le fait même de notre occupation, reculée jusqu'à la mer, sur toute la côte orientale, il est facile de la surveiller de Tunis même. Quant à la frontière méridionale, elle est efficacement gardée par les Beni-Zid et les Ouerghama, tribus limitrophes puissantes, et plus efficacement encore par le désert qui sépare la régence de la Tripolitaine. Dix ou quinze mille Tunisiens, encadrés dans des éléments français, maîtres des grands centres de population et des points stratégiques essentiels, toujours prêts à entrer en campagne, suffiront non seulement pour assurer l'ordre et la tranquillité en temps de paix, mais même, en cas de guerre ou d'insurrection, pour parer aux premières éventualités.

Cette armée vaudra certainement l'armée coloniale anglaise, qui est constituée sur le même pied, et, pour remonter plus haut, elle ne sera pas inférieure à l'armée carthaginoise.

Les anciens Numides n'étaient guère plus commodes que les Arabes d'aujourd'hui et cependant les mercenaires de Carthage savaient les mettre à la raison.

D'ailleurs, autour de cette force indigène et comme pour l'entourer, si l'on peut s'exprimer ainsi, d'une sorte de cordon de sûreté, on pourrait constituer en même temps, dans les mêmes conditions et avec des éléments semblables, un corps de douaniers qui serait chargé, aux termes de l'article 9 du traité de Kassar-Saïd, de réprimer la contrebande de guerre et de percevoir les droits d'entrée et de sortie sur les denrées et marchandises.

TRAVAUX

AMÉLIORATION DE L'AGRICULTURE. — AGRANDISSEMENT DU PORT DE BIZERTE. — CRÉATION D'UNE MER INTÉRIEURE AFRICAINE.

Une fois cette double force de défense et de police organisée, rien n'empêcherait plus le gouvernement de la république, à l'abri du drapeau tricolore, sous la protection de la justice française et avec les ressources mises à sa disposition par l'excédent des revenus tunisiens, de mettre à exécution le vaste programme de travaux projetés dans la régence : canaux d'irrigation, voies ferrées, routes, chemins d'exploitation pour les forêts, les carrières et les mines, établissements d'eaux thermales, phares sur les côtes, grandes cultures, agrandissement ou amélioration de certains ports de guerre et de commerce, création d'une mer intérieure. Car, en fait de travaux, tout, absolument tout est à faire; non seulement les beys n'entreprenaient rien, mais encore ils empêchaient de rien entreprendre :

« Il est arrivé un jour à un ingénieur français de se présenter devant un premier ministre qui a laissé de grands souvenirs en Tunisie, Mustapha-Khasnadar, pour lui faire observer qu'il ne suffisait pas de payer son traitement, mais qu'il fallait constituer un crédit pour l'exécution des travaux. Le premier ministre, très étonné, répondit : « Ton traitement est payé et tu demandes davantage, tais- « toi ; car je supprimerai ton traitement si tu veux faire « des travaux[1]. »

Rien d'étonnant avec ce système que la régence soit sans canaux, sans routes et sans ports.

Parmi les projets ci-dessus indiqués, les trois derniers doivent surtout solliciter l'attention du gouvernement tant par leur importance que par les avantages considérables pouvant résulter de leur réalisation.

Nous avons dit plus haut, en parlant de ses ressources agricoles, que la Tunisie fut autrefois, — et l'histoire de l'ancienne Carthage l'atteste, — d'une fertilité remarquable ; elle l'est encore aujourd'hui, le sol n'a rien perdu de sa fécondité. Et cependant l'agriculture est en pleine décadence. Comment expliquer ce phénomène ? Il faut nécessairement en chercher la cause dans la mauvaise administration du pays, dans les vexations fiscales auxquelles les cultivateurs sont sujets. « L'achour, dit M. de Crozals[2], l'achour, ou dîme qui se perçoit sur les grains, pèse lourdement sur les populations rurales. L'achour est soumis au régime des fermes : le cultivateur se trouve ainsi à la disposition des traitants, qui, négligeant de s'inquiéter de l'état réel des choses, veulent prélever la dîme d'une récolte idéale calculée sur la quantité de terre ensemencée. Il en résulte de telles monstruosités, qu'en 1846,

1. Cambon, Discours prononcé à la Chambre des députés le 1er avril 1884.
2. *Revue de géographie,* octobre 1881.

dans un certain bourg, la récolte entière ne put couvrir l'achour. On comprend que le découragement envahisse à la longue des populations rurales ainsi foulées. Nous disons : à la longue ; car la ténacité de l'Arabe est telle, qu'on le voit sur la limite du Tell ensemencer pendant sept ou huit ans de suite, avec la même confiance, des terrains autrefois fertiles, mais que les pluies semblent avoir abandonnés et sur lesquels le grain ne sort même plus. Il en est de même pour les oliviers, frappés depuis quelque trente ans de l'impôt du canoun, impôt fixe qui ne suit plus les variations de la récolte, oppressif par conséquent et bien fait pour rebuter les populations rurales.

« La décadence est donc certaine ; mais elle ne tient ni à l'absence des qualités propres chez le cultivateur indigène, ni à la nature du sol, qui est tout prêt à répandre, comme prix du moindre effort, les richesses dont il détient les éléments. Elle est tout entière, à notre sens, dans l'œuvre des gouvernements. Rendu à la sécurité, allégé d'une partie des charges qui pèsent sur lui, protégé dans ses efforts pour faire revivre des richesses momentanément compromises, respecté dans la possession des fruits de son travail, ce pays ne peut manquer de reprendre rapidement, sous une administration ferme et libérale, l'importance qu'il a connue autrefois. »

C'est absolument notre avis.

Il appartient donc au gouvernement de la république de développer de nouveau avec toute l'intensité des pratiques modernes les dons naturels de cette terre privilégiée.

Mais comme le développement de l'agriculture entraîne toujours celui du commerce, lorsqu'on aura ramené au sein de la Tunisie l'abondance et la prospérité, il deviendra nécessaire de créer pour l'exportation des céréales un autre débouché que Tunis. Dès lors, Bizerte est tout indiquée : sa position unique sur la côte méditerranéenne permet d'en faire, quand on voudra, un port de commerce incomparable.

Ce qui constitue, en effet, l'originalité et le mérite de la situation de Bizerte, c'est qu'elle est précédée d'une véritable rade et qu'elle commande l'entrée de deux grands lacs.

La rade de Bizerte est située entre le cap Blanc[1], à l'ouest, le plus septentrional de l'Afrique, dont la masse éblouissante s'avance dans la mer, et le cap Zebib[2], à l'est, dont les hauteurs sont toujours couronnées de verdure.

Sa profondeur est assez grande pour donner accès aux plus gros bâtiments et il suffirait de quelques travaux de draguage pour faciliter leur approche jusqu'à quelques mètres de la ville.

A neuf cents mètres dans les terres, brille comme un miroir d'argent le *lacus Hipponitis* des anciens ou lac de Bizerte. Ce lac, admirable bassin intérieur, a treize kilomètres de long sur sept de large, avec une profondeur de neuf à douze mètres. Il communique avec la mer par deux bras qui, après avoir formé un petit îlot, se rejoignent et portent ses eaux à la Méditerranée par un canal unique.

C'est au point de jonction des deux bras que se trouve le *port* de Bizerte formé par la nappe d'eau à laquelle ils donnent naissance. Sa profondeur est d'environ trois mètres.

1. Le *Candidum Promontorium* des anciens.

2. Le *Pulchrum Promontorium* des anciens, que certains géographes placent à tort (V. p. 52) au fond du golfe de Carthage.

Sur le petit îlot dont nous venons de parler s'élève la Bizerte pour ainsi dire *insulaire* avec le palais du gouverneur et les consulats de France, d'Angleterre, d'Italie et d'Allemagne.

L'îlot est relié à la terre ferme par deux ponts en pierre jetés sur la passe de l'ouest, l'autre étant réservée aux bateaux. C'est là, le long du canal occidental, que s'étend la Bizerte *continentale*, étagée sur les pentes méridionales du Dahr-el-Coudia. Elle renferme à vrai dire la ville arabe tout entière, la casbah, et la grande mosquée.

Au delà du lac de Bizerte, on aperçoit celui, moins large et moins profond, mais plus allongé d'Echkheul, connu des anciens sous le nom de *Sisara lacus*. Ce second lac communique avec le premier par le moyen de l'oued Tindja.

L'aspect de Bizerte, vue de la rade, est enchanteur, surtout le matin, quand se lève à l'horizon le radieux soleil d'Afrique : avec ses maisons blanches, son canal, ses lacs, ses hauts remparts, la ville ressemble à un vrai décor d'opéra.

Bizerte était autrefois une des meilleures places de la Tunisie pour l'exportation des blés : placée sur la limite d'une région agricole remarquablement fertile, elle lui servait de débouché naturel.

Elle eut même à certaines époques son importance militaire, du temps d'Agathocle, de la guerre *inexpiable*, des invasions romaines et quand les Turcs y armaient leurs galiotes pour faire la course contre les chrétiens.

Bizerte aujourd'hui entre nos mains pourrait devenir rapidement la première ville commerçante de la régence. Il suffirait pour cela de la doter d'un beau port intérieur et de la rattacher par un embranchement à la grande voie ferrée de la Medjerda. A partir de ce jour, tout le trafic tunisien qui se fait aujourd'hui par Tunis prendrait comme par enchantement le chemin de Bizerte. Pour un navire venant d'Angleterre, d'Espagne, de France ou même d'Italie, Bizerte est plus tôt atteinte que Tunis.

Mais c'est surtout comme port militaire d'avenir que Bizerte présenterait un avantage marqué sur Tunis. Le lac de Tunis est envasé dans toute son étendue ; nulle part sa profondeur ne dépasse un mètre vingt centimètres ; pour y creuser un port, que de dépenses et de travaux ! tandis qu'à Bizerte le seul draguage de la passe ouvrirait un port intérieur qui n'aurait pas de rival sur la côte d'Afrique.

Dans leurs projets aujourd'hui avortés sur la Tunisie, l'Angleterre et l'Italie n'avaient pas oublié Bizerte et ses avantages naturels.

La première s'était en quelque sorte emparée de ce point remarquable dès 1843 et 1845, en faisant relever les côtes, la profondeur de la rade et des lacs. La puissance qui a pris et gardé Gibraltar, Malte, Chypre, qui vient de prendre l'Égypte à notre barbe et à notre nez, comptait bien aussi se rendre maîtresse un jour ou l'autre de Bizerte. Elle n'attendait qu'une occasion.

Quant à l'Italie, elle tenait également par l'espérance cette position enviée ; elle en eût fait son grand port militaire du sud, le pendant de la Spezzia ; elle y eût centralisé ses arsenaux, ses ateliers de construction, ses chantiers maritimes.

Ce qui devrait augmenter à nos yeux l'importance militaire de Bizerte, c'est l'insuffisance et la pauvreté de nos ports sur les côtes algériennes : Oran, Alger, Bône, nos seuls ports sur ce *littus importuosum* dont parle Salluste, peuvent bien abriter une escadre, mais non une flotte ; Bizerte, au contraire, après quelques améliorations, pourrait recevoir dans son lac toutes les marines militaires de l'Europe. Il importe donc d'exécuter sans retard les travaux nécessaires. « La question d'argent ne saurait arrêter une nation qui a besoin, sous peine de déchoir, de fortifier plus que jamais son établissement en Afrique et d'y développer son prestige[1]. »

Une entreprise qui, si elle venait à se réaliser, ne pourrait manquer de contribuer grandement à ce double résultat, c'est le projet d'établissement d'une mer intérieure africaine.

On sait qu'au sud de l'Algérie et de la Tunisie, au pied de l'Aurès et aux abords du Sahara, s'étend, sur une longueur de près de quatre cents kilomètres, une vaste dépression dont le fond est couvert de sel cristallisé et qui se divise en plusieurs cuvettes secondaires désignées par les Arabes sous le nom de *chotts*.

Les principaux de ces chotts sont, en partant de l'est, c'est-à-dire de la mer, le chott El-Djerid, le chott Rharsa et le chott Melrir. Le premier, le plus rapproché du golfe de Gabès, est en Tunisie; le second, partie en Algérie et partie en Tunisie, et le troisième en Algérie.

Ces lacs sont tellement fangeux qu'il faut toujours craindre de s'y aventurer. Que de caravanes y ont péri sans laisser aucune trace! Il serait téméraire de les traverser sans guide, car le chemin n'est jalonné que par des troncs de palmiers ou de simples pierres, et il est accidenté, étroit comme un cheveu, tranchant comme un rasoir; les bêtes de somme ne peuvent y marcher qu'à la file, une à une, doucement et avec mille précautions; et

1. Sur Bizerte, lire dans la *Revue de géographie*, année 1881, les trois remarquables articles de M. de Crozals, que nous avons utilement consultés.

malheur au chameau assez imprudent ou assez osé pour s'écarter, ne fut-ce que de quelques pas, du sentier tracé! la croûte saline s'ouvre aussitôt, comme une trappe invisible, et l'engloutit.

Les vieillards de la région racontent que, vers la fin du siècle dernier, on trouva près de Nefta les clous et les débris d'un navire de forme antique. Ce fait semblerait indiquer que les eaux de la mer occupaient jadis les bas-

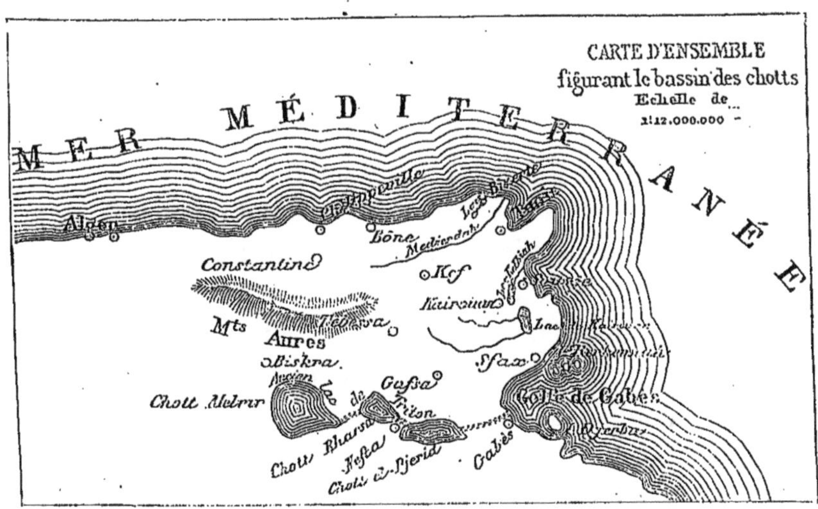

sins des chotts, alors complètement inondés et navigables. On n'en saurait douter, après avoir lu lepassage suivant, d'une exactitude et d'une précision en quelque sorte topiques : « On assure, dit Pomponius Melas, qu'à une assez grande distance du rivage, vers l'intérieur du pays, il y a des campagnes stériles où l'on rencontre, s'il est permis de le croire, des arêtes de poissons, des coquillages, des écailles d'huîtres, des pierres polies comme celles qu'on retire de la mer, des ancres qui tiennent aux rochers. »

Dans ces campagnes stériles situées vers l'intérieur du pays, au sud de l'ancienne Cirta (Constantine), qui ne reconnaît le Sahara algérien? Ces cailloux arrondis par les flots, ces ancres, ces coquillages, ne sont-ils pas des témoins irrécusables de la présence de la mer dans ces lieux?

Maintenant quel était le nom de cette vaste mer intérieure? Les savants sont d'accord pour voir dans les chotts tunisiens le fameux golfe de Triton[1] dont il est parlé en maints endroits[2] et notamment dans le voyage fabuleux des *Argonautes*. A une époque indéterminée, le niveau des eaux aurait graduellement baissé par l'évaporation et les flots se seraient peu à peu retirés, laissant à sec les lieux précédemment submergés.

Serait-il possible de les inonder de nouveau?

L'auteur du projet d'établissement d'une mer intérieure africaine, le commandant Roudaire, après avoir étudié la question sur les lieux, après avoir visité les chotts depuis l'embouchure de l'oued Melah jusqu'à Biskra et s'être rendu compte de la nature des terrains environnants n'hésite pas à répondre affirmativement.

Les chotts Melrir et Rharsa étant au-dessous du niveau de la mer, il suffirait, d'après lui, de les mettre en communication avec le golfe de Gabès au moyen d'un canal assez large et assez profond; les eaux de la Méditerranée se précipiteraient aussitôt dans ces cavités gigantesques et les rempliraient.

La superficie submersible du chott Melrir étant de

1. V. Pindare, Hérodote, Scylax, Pomponius Melas, Ptolémée, Procope.

2. Cette opinion n'est pas partagée par le docteur Rouire, qui place l'ancienne baie de Triton dans les environs de Sousse et de Kairouan et l'identifie, peut-être avec raison, au lac Kelbiah, existant encore aujourd'hui. (*Revue de géographie*, janvier 1884.)

6,000 kilomètres carrés, celle du chott Rharsa de 1,300 kilomètres carrés, la mer projetée présenterait une surface totale de 8,200 kilomètres carrés, égale par conséquent à quatorze ou quinze fois celle du lac de Genève, qui n'est que de 577 kilomètres carrés.

Sans compter que cette surface pourrait bien un jour s'accroître de toute la surface du chott El-Djerid. Ce chott, il est vrai, se trouve au-dessus du niveau de la mer, mais il est occupé, du moins dans sa partie centrale, par des masses considérables d'eau stagnante et de vases fluides. N'est-il pas permis de supposer qu'en le mettant en communication par une ou plusieurs tranchées soit avec la Méditerranée, soit avec le chott Rharsa, on obtiendrait à la longue par le drainage un affaissement qui donnerait naissance à une nouvelle dépression inondable? Dans tous les cas, ce drainage aurait pour résultat de rendre à la culture une surface considérable de terrains composés d'un limon excessivement fertile.

Voilà dans ses lignes principales la conception vraiment grandiose du commandant Roudaire[1].

Est-elle réalisable?

Là-dessus les avis sont partagés, mais M. Ferdinand de Lesseps, dont nul ne saurait contester la compétence en matière de travaux, croit à la possibilité et au succès de l'entreprise.

Quels avantages n'en résulterait-il pas pour l'Algérie et la Tunisie, dont les conditions physiques, agricoles, politiques et commerciales se trouveraient transformées de la façon la plus merveilleuse!

Les chotts seraient assainis et il n'y aurait plus à re-

1. Lire, dans la *Mer intérieure africaine*, du commandant Roudaire, tous les développements du projet.

douter leurs bas-fonds boueux, marécageux, imprégnés de sel, qui sont, à certains moments de l'année, de véritables foyers d'insalubrité palustre.

Le climat deviendrait immédiatement plus tempéré, les régions avoisinantes d'un meilleur rapport.

L'énorme évaporation produite par le soleil saharien, poussée par les vents du sud vers les crêtes élevées de l'Aurès, irait s'y résoudre en pluies, y créer des sources, y ramener la fertilité qui faisait jadis des plateaux de Sétif le « grenier de Rome ».

Le sirocco, qui dessèche les moissons en fleur, arriverait inoffensif, bienfaisant même.

Les vastes plaines incultes situées entre les chotts et l'Aurès, désormais régulièrement irriguées par les ruisseaux descendus de la montagne, seraient rendues à la culture.

La fraîcheur, l'humidité, les pluies permettraient de tirer parti de la fécondité naturelle d'un sol qui est recouvert d'une couche profonde de terre végétale et qui reste vierge depuis des siècles.

Les faits historiques viennent confirmer ces prévisions.

En effet, du temps des Romains, lorsque la mer remplissait ces cavités, le sud de l'Algérie et de la Tunisie était incomparablement plus fertile que de nos jours. « Les bords du lac Triton, dit Scylax, habités tout autour par les peuples de la Libye, sont extrêmement riches et fertiles. » La stérilité actuelle de ces régions a été la conséquence du dessèchement des chotts.

Au point de vue politique, la mer intérieure dont la clef serait entre nos mains, nous donnerait une frontière maritime d'une étendue de 400 kilomètres et absolument infranchissable pour les tribus nomades du désert.

Cette barrière aquatique nous permettrait de réduire

dans de fortes proportions, sans compromettre en rien la sécurité de nos possessions, l'effectif du corps d'occupation et d'alléger ainsi d'une façon notable les charges du Trésor.

De plus, ce magnifique bassin intérieur pourrait au besoin offrir à notre flotte, dans le cas où elle serait jamais menacée par des forces supérieures, un abri sûr qu'elle ne saurait trouver ni dans le port de Bône, ni dans celui d'Alger, ni dans celui d'Oran.

Au point de vue économique et commercial les avantages résultant de la réalisation du projet seraient incalculables. Nos navires pénétrant par le golfe de Gabès jusqu'auprès de Biskra viendraient recueillir tout le commerce du Soudan dévié des ports marocains et tripolitains par la perspective de débouchés plus rapprochés, partant plus faciles. Et quelle haute idée les peuplades africaines n'auraient-elles pas de notre puissance et de notre grandeur, le jour où on pourrait leur dire : « A la place de ces flots, qui ont apporté ici la fraîcheur et la vie, et dont vous admirez l'immensité, hier encore il n'y avait que de la boue, des sables, des marécages insalubres. C'est la France qui a fait cela ! » Rien, en effet, n'est plus capable de frapper l'homme du désert, l'homme des sables brûlants et arides, que le spectacle de la mer. « Il y a quelques années, dit le commandant Roudaire, trois chefs touaregs vinrent à Philippeville ; ils regardèrent avec indifférence nos routes, nos maisons, nos chemins de fer eux-mêmes ; mais arrivés au port, ils restèrent saisis d'étonnement à la vue de la mer..., de cette immense nappe d'eau dont leurs regards ne pouvaient sonder ni les limites ni la profondeur. »

C'est par de telles réformes, en développant l'agriculture et le commerce, en créant des voies de communication, en ouvrant des chemins pour l'exploitation des forêts, des carrières et des mines, en améliorant les ports existants ou en creusant des ports nouveaux, en éclairant le littoral, en ramenant les eaux de la Méditerranée dans les chotts, c'est par de telles entreprises, disons-nous, qu'on fera reculer la barbarie et qu'une ère nouvelle commencera pour la Tunisie, pays vierge qui semble s'être endormi depuis les Carthaginois et les Romains, mais qui ne demande qu'à sortir de son long assoupissement.

La France sera la fée qui le réveillera.

FIN

TABLE DES MATIÈRES

LA TUNISIE

LES KHROUMIRS

LES FRANÇAIS EN TUNISIE

RÉORGANISATION DE LA TUNISIE

SOCIÉTÉ ANONYME D'IMPRIMERIE DE VILLEFRANCHE-DE-ROUERGUE
Jules Bardoux, directeur.

MÉRITE

www.ingramcontent.com/pod-product-compliance
Ingram Content Group UK Ltd.
Pitfield, Milton Keynes, MK11 3LW, UK
UKHW020203250726
13967UKWH00003B/1239